HEYNE <

sven
kemmler

und was wirst du, wenn ich groß bin?

Roman

Wilhelm Heyne Verlag
München

Mix
Produktgruppe aus vorbildlich bewirtschafteten Wäldern und anderen kontrollierten Herkünften
www.fsc.org Zert.-Nr. SGS-COC-001940
© 1996 Forest Stewardship Council
FSC

Das für dieses Buch verwendete FSC-zertifizierte Papier *Super Snowbright* liefert Holmen Papier, Hallstavik, Schweden.

Originalausgabe 06/2010

Printed in Germany 2010
Redaktion: Tamara Rapp
Umschlaggestaltung: Frese Werkstatt für Grafik und Fotografie, München
Umschlagbild: © Sven Kemmler
Satz: Greiner & Reichel, Köln
Druck und Bindung: GGP Media GmbH, Pößneck
ISBN: 978-3-453-40768-8

www.heyne.de

inhalt

Für Jessica Phyllis Mercy

»I'll tell you all my secrets,
but I lie about my past.«
Tom Waits

prolog

Wir wollen sie Penelope nennen, weil es sich lohnt, jahrzehntelang auf Irrfahrt zu gehen, um sie zu finden. Sie sieht aus wie ein Sonnenuntergang über dem Meer nach einem Gewitter, und sie ist die Tochter eines Gitarristen.

Ich war sogar kurz mit ihr zusammen.

Ich räume ein, »zusammen sein« ist in diesem Fall ein bisschen übertrieben. Wenn man es ganz genau nimmt, dauerte die Beziehung sieben Sekunden. Das möge jetzt bitte nicht als larmoyanter Beitrag zur sexuellen Ausdauer von Männern verstanden werden, vielmehr möchte ich damit sagen, es kommt auch bei Beziehungen nicht nur auf die Länge an.

Seit diesen sieben Sekunden ist bereits ein Jahr vergangen. Ein Jägerjahr sozusagen, voller frühlingshafter Blütenträume, sommerlicher Kornfeldfantasien, herbstlicher Melancholie und winterlicher Arschkälte. So ein Jahr kann sich ziehen. So ein Jahr dauert nämlich erst mal deutlich länger als sieben Sekunden.

Das ist genug Zeit, um Zeit zu haben. Und in dieser Zeit habe ich alles, was ich kann, zur Schau gestellt, mich stets bemüht mit heißem Verlangen und generell versucht den Eindruck zu erwecken, es handle sich bei mir um eine Erfolgsgeschichte. Um einen Lebenslauf, den man liest und bei dem man das Gefühl hat, auf einer langen geraden Straße entlangzurasen. Ich wollte ihr damit sagen: Schau her, nimm mich, aus mir ist was geworden.

Ich räume weiterhin ein, »was geworden« ist in meinem Fall ein bisschen übertrieben. Einerseits war ich schon einiges. Andererseits gibt es, beispielsweise im Zusammenhang mit dem Thema Beziehung, auch Dinge, die ich nicht geworden bin. Ich bin weder Ehemann noch Vater. Dafür sind natürlich sieben Sekunden auch deutlich zu kurz, zumindest in meinem Fall. So bleibt, was das klassische »was werden« betrifft, fast nur der Beruf übrig. Und das Berufsleben ist, ähnlich dem Privatleben, nicht unbedingt meine stärkste Seite. So mag es nicht verwundern, dass Penelope eine fast schon sportlich zu nennende Ausdauer darin gezeigt hat, mich unerhört zu lassen, was ich zeitweise ebenso fand, vor allem weil ich es ihr gegenüber so gerne gewesen wäre. Doch man kann Zurückweisung einfach schlecht widersprechen. Die normale Reaktion darauf, wenn jemand etwas nicht macht, von dem man unbedingt will, dass er oder sie es macht, ist Liebesentzug. Nur greift das in so einem Fall nicht sonderlich gut. Außerdem widerspricht es meiner Natur. Die Lage ist also durchaus ernst zu nennen.

Nun bin ich inmitten dieser Lage auf die Zeile eines Songs von Tom Waits gestoßen, die da lautet:

»And she loves you for all that you're not.«

Und sie liebt dich für alles, was du nicht bist.

Das hat mich sehr angesprochen. Denn das »etwas nicht sein« beherrsche ich recht gut, und zwar eigentlich schon immer. Und damit einher geht ja stets auch das »nicht werden«. Damit stehe ich natürlich nicht allein da. Jeder hat ja so seinen verwelkten Strauß an ehemaligen großen Plänen im Schrank, seine ganz persönlichen Morgen von gestern. Das, was nie in der Bewerbung steht. All die Dinge, die man mal werden wollte, bevor man andere Dinge werden wollte, die man dann auch nicht wurde.

Sollte also Tom Waits Recht haben, wovon grundsätzlich auszugehen ist, dann wird es Zeit, ihr diese Dinge zu sagen. Die Hosen ganz runterzulassen, etwas, was mir noch nie leichtgefallen ist. Und den Grund dafür werde ich im Verlauf dieses Vorhabens wegen eben dieses Vorhabens wohl nennen müssen.

Tatsache ist, ich habe versucht, ihr alles zu zeigen, was ich bin. Was fehlt, ist die Geschichte von all dem, was ich nicht geworden bin.

1 tierforscher

Ich bin in der Serengeti. Das liegt in der Savanne. So heißt das, wo die Tiere sind. Ich bin ein Forscher, und ich forsche. Mein Jeep mit weiß-schwarzem Zebramuster steht hinter mir, neben dem Schreibtisch. Vor mir liegt ein Löwe. Aber das macht nichts, weil das Wichtigste hab ich immer dabei.

Das Grzimek-Album!

Das ist ein Sammelalbum, so wie Panini für Fußball, bloß für Tiere. Von Bernhard Grzimek. Mit einer kurzen Beschreibung, was die Tiere können. Weil jedes Tier was anderes kann und was anderes macht, sogar wenn sie fast gleich aussehen.

Zum Beispiel der Löwe ist viel fauler als der Tiger. Und das Panzernashorn ist fast ausgestorben und das Nashorn nicht. Jedes Tier passt dahin, wo es lebt. Deswegen kann auch mein Bruder nicht einfach Tiger sein, weil meine Tante ein afrikanischer Elefant ist und Tiger nämlich nicht in Afrika leben. Außerdem will er nur deshalb Tiger sein, weil ich gesagt hab, die sind größer und stärker als Löwen. Obwohl eigentlich die Löwen Könige der Tiere sind, aber der König ist nicht der Stärkste, nur weil er König ist, sagt mein Papa. Der ist Psychologe.

Ich weiß das alles, weil ich der Forscher bin. Forscher finden heraus, was Tiere machen, wenn sie Hunger haben oder Durst oder wenn sie sich vermehren. Viele Tiere sind Jäger. Ich hab auch ein Gewehr, wie die Jäger im Wald, aber meines ist bloß mit Betäubungspfeilen, weil ich nämlich Tiere mag.

Das Meer mag ich auch. Schnorcheln ist toll. Vielleicht werde ich auch Jacques Cousteau. Ich habe drei Bücher von Cousteau. Eines über Haie, eines über Oktopusse und eines über Cousteau.

Oktopusse nennen manche auch Tintenfische, dabei heißen Tintenfische eigentlich Kalmare, so ähnlich wie die Calamari Fritti beim Quo Vadis in der Pizzeria. Das weiß ich aus dem Buch. Cousteau hat auch ein eigenes Schiff, die Calypso, damit fährt er über die sieben Meere und taucht. Und er ist auch so was wie Kapitän auf seinem Schiff. Der kann hinfahren, wo er will.

Meine Tante will jetzt nicht mehr Elefant sein, sie will Gazelle sein. Mein Bruder will sie jagen, und fragt mich, was er sein soll. Ich schau im Grzimek-Album nach und sage, Gepard sein wär gut, der ist das schnellste Säugetier. Meine Tante schaut nach, weil sie kann schon lesen, und sie liest vor: Der Gepard kann hundertzwölf Stundenkilometer schnell laufen.

Aber bevor der Gepard die Gazelle fangen kann, gibt's Essen. Meine Oma hat Dampfnudeln gemacht. Eigentlich sind Geparden Fleischfresser, aber mein Bruder überholt sogar die Gazelle auf dem Weg zum Esstisch. Ich bin Letzter, aber ich schaffe die meisten Dampfnudeln, und zwar vier und noch eine halbe von meinem Opa. Das Tier, was am meisten essen kann, ist der Pottwal, der kann riesige Calamari essen.

Am Nachmittag will mein Bruder nicht mehr Forscher spielen, sondern Boccia. Dabei kann man gar nicht Bocciaspieler werden, wenn man groß ist. Aber mein Bruder ist auch gerade erst vier geworden. Ich bin schon fünfeinhalb und schon lang kein Baby mehr, und ich weiß genau, was ich mal werden will, wenn ich groß bin.

2 olympionike

Meine durchwachsene Karriere als Sportler begann im Alter von sechs Jahren und mit einem Triumph. Dieser sollte jedoch nicht ganz über die Umstände hinwegtäuschen, unter denen er zustande kam. Austragungsort der Wettkämpfe war ein an der Amper gelegenes FKK-Gelände, an dem meine Großeltern einen festen Wohnwagen unterhielten. Es war mein erstes Wochenende dort, in einem heißen Juni.

Bis zur Ankunft blieb ich erstaunlich ruhig, das Konzept der Freikörperkultur war noch nicht mit all seinen textillosen Konsequenzen zu mir durchgedrungen. Umso deutlicher wurde es, als wir, mein Bruder, meine Tante und meine Großeltern, noch angezogen zum Wohnwagen gingen und die Begrüßung der Nachbarn erfolgte.

Als Kind hat man den Nachteil mangelnder Größe, und während ich als schnell Wachsender glücklicherweise bereits die Höhe des erwachsenen Bauchnabels erreicht hatte, war mein kleiner Bruder direkt auf Augenhöhe mit dem, was sonst hinter der Badehose schlummert. Es galt also: »Face your fears.«

Anfänglich hatte ich vor, mich und vor allem mein Kindergehänge bis Ende des Wochenendes im Wohnwagen zu verstecken. Normalerweise ist es für Kinder und ihre Vorgesetzten eine harte Prüfung an der Grenze zur gefühlten Sippenhaft, wenn man durch schlechtes Wetter ganztags in einen Wohnwagen gezwängt wird. Aber mir fielen plötzlich Brettspiele ein, von denen ich bis dahin nicht mal gehört hatte, und in meinem hysterischen Überschwang schlug ich alle nur erdenkbaren Indoor-Aktivitäten vor.

Ohne Erfolg. Ich wurde zur sofortigen Brotzeit ins Freie beordert, einschließlich weiterer Besuche unbekleideter Nachbarn. Ich hielt den Kopf vorsorglich gesenkt, bis meine Oma aufmunternd sagte: »Magst a Leberwurschtbrot? Komm, ich schmier dir eins.«

Hunger ist stärker als Schamgefühl.

Anschließend verschleppte man mich trotz Gegenwehr zu den Tischtennisplätzen und dem Volleyballareal. Da gab es dann kein Essen mehr, um abzulenken.

Für Volleyball war ich gottlob noch zu klein, im Gegensatz zu meiner Tante, damals zwölf und auf der Zielgeraden zur Pubertät. Sie war die Einzige auf dem Spielfeld, bei der die Körperteile eher wippten und nicht wie bei den anderen Spielern eher flatterten oder gar regelmäßig klatschten, als wollten sie sich selbst anfeuern.

Man muss dazu sagen: Der Altersdurchschnitt war dergestalt, dass meine Großeltern noch im jüngeren Bereich angesiedelt waren. Ferner seien noch die Gepflogenheiten der Haarmode erwähnt, womit ich nicht das Kopfhaar meine. Die einzige Rasur, die auf dem gesamten Gelände als politisch korrekt empfunden wurde, war die Rasur des einen oder anderen Bartes. Es mag sein, dass einem rückblickend alles größer, länger und überhaupt beeindruckender erscheint – aber da gab es Herren, die trugen Günter Netzers Frisur auf dem Rücken oder einen Siebziger-Jahre-Paul-Breitner-Schopf geringelt auf dem Bauch, der hie und da so üppig und überhängend war, dass man nur aus der Perspektive meines Bruders mit absoluter Sicherheit sagen konnte, ob es sich wirklich um einen Mann handelte.

Irgendwie habe ich den Tag überstanden. Ich kann mich nicht an Gesichter erinnern, ich habe versucht, niemandem in die Augen zu blicken und mich auch sonst so nah wie möglich an der Unsichtbarkeit zu bewegen. Niemals wieder war ich so auf einen Tischtennisball fixiert.

Für den zweiten Tag war der Höhepunkt des Wochenendes angekündigt: ein Leichtathletik-Wettkampf für Kinder und Jugendliche. Ich war bereits angemeldet. Ein gnadenloser Kampf zweier Instinkte bestimmte meine Nacht. Einerseits sportlicher Ehrgeiz, die Aussicht auf Ruhm und Lorbeeren, andererseits der Alptraum des Schamgefühls und der Schüchternheit. Völlig nackt vor jeder Menge Zuschauern Sport auszuüben! Aus der Sicht eines Älteren könnte man auch sagen: einerseits ein Gefühl, dazu angetan, den Sack schwellen zu lassen, andererseits ein Gefühl, dazu angetan, eben jenen so zusammenzuziehen, dass die Gonaden freiwillig zurück in die Bauchhöhle wandern. Letzteres Gefühl obsiegte, verlor aber schon am Morgen gegen die Sportbegeisterung meines Opas, und so befand ich mich kurz nach dem Frühstück im Wettkampf.

Vom Kugelstoßen weiß ich nichts mehr, und vom Hochsprung habe ich nur die brennend heiße dunkelblaue Hochsprungmatte in Erinnerung, die sich bei jeder Landung auf der Haut wie schmelzendes Zellophan anfühlte und einen nur unter lautem Schmatzen wieder freigab. Dann die Fünfzig-Meter-Sprintstrecke, barfuß durchs Gras; ich war sehr schnell, wohl in der Hoffnung, je schneller ich liefe, desto schneller sei alles vorbei. Erst mehrere Minuten nach dem Zieleinlauf bemerkte ich, dass nicht nur mein Punktekonto anschwoll, sondern auch mein Fuß, da ich eine Biene übersehen – und überlaufen – hatte.

Mag sein, dass das Bienengift half. Jedenfalls war der Ehrgeiz geweckt, das Adrenalin auf Anschlag, und beim abschließenden Weitsprung war ich nicht nur aus Schüchternheit im berüchtigten »Tunnel« – der völligen Konzentration auf das Ziel.

Ich sprang dreimal, ohne über irgendwelche Blößen nachzudenken. Allerdings gab es noch eine weitere Ablenkung. Es ist schon sehr erstaunlich, wo Sand überall hingelangen kann, selbst wenn man nackt ist. Um ihn wieder abzuschütteln, müsste man zu Bewegungen greifen, die man nackt vor anderen lieber nicht macht. Aber trotz des zusätzlichen Gewichts gelang es mir, den Tagessieg in der umkämpften Gruppe der fünf unter Sechsjährigen zu erringen.

Ein Triumph, wertvoller vielleicht als ein Sieg im klassischen Olympia, weil mit noch weniger Kleidung errungen. Und lehrreich. Ich erlebte zum ersten Mal, dass man mit einem konkreten Ziel vor Augen eine beinahe unbegrenzte Menge an Peinlichkeiten verdrängen kann – eine immens wichtige Erkenntnis gerade für das bevorstehende Berufsleben.

Egal wie blöd man dabei aussieht, Erfolg rechtfertigt beinahe alles. Oder sagen wir vielleicht besser: Erfolg täuscht über beinahe alles hinweg. Wenn ein Aphrodisiakum bei der körperlichen Liebe hilft, dann hilft Erfolg als Amnesium beim Vergessen.

Für mich war klar: Ich würde später einmal Leichtathlet werden. Leichtathlet und Tierforscher. Mein Leben war vorgezeichnet. Körper und Geist vereint.

Stolz nahm ich den Siegerpokal entgegen, überreicht vom FKK-Präsidenten oder so was Ähnlichem, einem beeindruckenden Silberrücken mit Bauch und Brille.

Auch das Siegesgeschenk war ein Volltreffer: ein Reise-Schachspiel aus Plastik, mit einem grünen Unterboden und einer kleinen Schale zum Ablegen der aus (dem Spiel) gezogenen Figuren auf jeder Seite.

Den abschließenden Sonntag habe ich vor dem Wohnwagen mit Schachspielen verbracht, darunter einige Partien gegen mich selbst, die ich allesamt gewann. Zur Sportstätte kehrte ich nicht zurück, ich wollte das junge Glück nicht gefährden.

Das Schachspiel habe ich bis zum Alter von dreißig Jahren besessen. Heute daran denkend, hätte ich es gerne wieder. Schach, Ausdruck des geistvollen Spiels, errungen durch körperliche Höchstleistung. Mens sana in corpore sano. Dabei fällt mir gerade eine weitere Möglichkeit ein, ein solches Reiseschach zu nutzen, um die Freude an Geist und Körper lustvoll zu verbinden: Stripschach. Aber für solche Ideen war ich damals einfach noch zu jung – und auch zu nackt.

3 chamäleonzüchter

Ich bin Terrarianer geworden. Zehn ist ein gutes Alter, um erste Schritte in Richtung einer Berufung zu machen, und so habe ich mich, inspiriert von meinem besten Freund, zum Terrarianer ausgebildet. Er war schon vor mir einer, denn er hatte eine Smaragdeidechse namens Willi und dazu ein normales Eidechsenpärchen. Damit erfüllte er die zwei wichtigsten Kriterien eines seriösen Terrarianers, nämlich erstens den Besitz eines Terrariums und zweitens die Haltung von Reptilien, Amphibien, Spinnen oder Skorpionen. Also legte ich mir, um mitreden zu können, ein Terrarium sowie ein ostafrikanisches Dreihornchamäleonpärchen zu. Für einen kommenden Zoologen ein vernünftiger Schritt. Ich nannte sie Otto und Nina.

Sodann machte ich mich an das drittwichtigste Kriterium, nämlich den Erwerb von Sachkenntnis. Mit anderen Worten, ich las Bücher über Reptilien. Eigentlich vor allem eines, es hieß *Verzauberte Welt der Reptilien* und war voller wunderbarer Anekdoten aus der fremdartigen Welt des Kriechzeugs. Das ermöglichte mir, binnen kurzer Zeit Sätze zu sagen wie:

»Gabunvipern sind besonders gefährlich, weil ihr Gift hämotoxisch und neurotoxisch ist.«

So ein Satz, wenn man ihn Erwachsenen kalt serviert, sorgt erst für Stille, dann für Interesse heuchelnde Anerkennung, gefolgt von Worten wie:

»Das hätte ich nie gedacht!«, oder

»Tatsächlich? Was du alles weißt …«

Und man hat wieder ein bis zwei Stunden Ruhe, um Legoauto-Crashtests mit dem Bruder durchzuführen.

Es handelt sich also um die verfeinerte Version des Dinosaurierprinzips, das man meist im Alter von fünf Jahren lernt: Eltern mit Dinofachwissen stilllegen. Aber da Dinosaurier ausgestorben sind und alle kleinen Jungs sich für Dinos begeistern, ist das wenig originell.

Im reifen Alter von zehn Jahren über tatsächlich existierende Schlangen zu reden, ist da schon beeindruckender und verleiht einem einen Hauch von echtem Außenseitertum, wobei unausgesprochen auch noch die Bedrohung mitschwingt, dass der kleine Reptilienfreund vielleicht auf die Idee kommen könnte, sich zu Weihnachten eine Gabunviper zu wünschen. Das hat viel mehr Zug als der Wunsch nach einem Tyrannosaurus Rex.

Natürlich gab es auch Menschen, mit denen man dann die Fachdiskussion fortsetzen konnte. Nicht nur meinen besten Freund, sondern auch andere Terrarianer, die man traf, wenn man in den einschlägigen Zoohandlungen Futter kaufte, also Fliegenmaden und Grillen. Sofort fühlte man sich als anerkanntes Mitglied eines ausgefallenen Clubs, wo kein Unterschied gemacht wurde zwischen Alter, sozialem Umfeld oder Neigungen. Was zählte, war das gemeinsame Interesse an Tieren, die ein Großteil der Menschheit eklig, bedrohlich und abstoßend findet. Besonders Mädchen gegenüber war es ein großes Vergnügen, die Futtergrillen vorzuzeigen und das entzückte oder ablehnende Grauen in den Augen zu sehen, begleitet von spitzen Ausrufen wie:

»Iiih, tu das weg, bääääh …«

Für Jungs vor der Pubertät grenzt das an Sex.

Erst später sollte ich feststellen, dass die genannte Toleranz unter den Reptilienfutterkaufkollegen auch deshalb angebracht war, weil ein nicht unerheblicher Teil der Clubmitglieder ihre Vogelspinnenzucht oder die Giftschlangensammlung aus dem einfachen Grund unterhielt: Sie waren wirklich Außenseiter oder hatten einen an der Klatsche, und zwar nicht nur Frauen betreffend.

Aber die Sache mit dem Fachsimpeln war eine Vorschau auf ein Prinzip, dessen Wirkung ich siebzehn Jahre später als Unternehmensberater in seiner Vollendung erleben konnte. Wenn man Fachworte verwendet, die nur wenige verstehen, besonders wenn man sie so verwendet, als würde man damit auch duschen gehen, kommt man sich schnell vor, als wäre man Mitglied einer Elite. Einfachste und auswendig gelernte Plattitüden klingen in Terrarianisch ebenso wissenschaftlich, wie Businessenglisch-Parolen wirtschaftlich klingen. Letzteres konnte ich damals natürlich noch nicht wissen.

Genaugenommen gab es eine Menge, was ich nicht wusste, besonders was die erfolgreiche Haltung von ostafrikanischen Dreihornchamäleonen betraf. Chamäleone ist übrigens der unter Fachleuten geläufige Plural von Chamäleon. Das wissen die wenigsten. Ich muss allerdings zugeben, dass das Wissen, das zu wissen, obwohl es nur wenige wissen, mir heute nicht mehr so spektakulär vorkommt wie damals.

Chamäleone jedenfalls sind sehr heikle Tiere, sie brauchen sehr gewissenhafte Pflege, eine optimal an ihre Bedürfnisse angepasste Umgebung, ein präzise simuliertes Klima und ausgesuchtes Futter. Ich hingegen war ein sehr heikler Halter, sehr gewissenhaft in meiner Unzuverlässigkeit, und zu optimal an die Lebensbedingungen von Zehnjährigen angepasst, um ein für beide Seiten günstiges Klima zu schaffen. Otto war zäh, Nina nicht. Sie ging vor ihrer Zeit, und ich grub ein Grab im Garten.

Das »stirb und werde« wirkt deutlich weniger bedrohlich, wenn man in der Tierhandlung ein weiteres Exemplar der Gattung kaufen kann. So fuhr ich nach dem Begräbnis trauernd in die Zoohandlung, um mich mit dem Spontankauf eines weiteren Chamäleonweibchens zu trösten. Annette.

Annette war zwar kein Dreihornchamäleon, dafür aber schwanger. Ich hielt sie kraft meiner Sachkenntnis lediglich für dick.

Bei der Geburt selbst war ich nicht dabei, was damals bei werdenden Vätern durchaus üblich war. Mein Vater beispielsweise hat während meiner Geburt im Kino gesessen und gleich drei Filme am Stück geschaut. Es war eine lange Geburt, vielleicht kommt daher auch meine Macke, Filme immer bis zum Ende ansehen zu müssen, egal wie schlecht sie sind. Bei Annette ging es schneller.

Chamäleone sind ovovivipar (das war damals einer meiner Lieblingssätze!), das heißt, sie werden in einem Eiersack geboren, aus dem sie sofort schlüpfen. Ich wurde auf die Geburt aufmerksam, als mein Bruder brüllte, dass Otto angefangen hätte, die Jungen zu futtern. Und ich meine wirklich futtern, nicht füttern!

Schnell evakuierte ich Otto auf den Zimmervorhang und rettete die verbliebenen Chamäleönchen. Sie wurden in ein kleines Zweitterrarium umgesiedelt. Leider sind Chamäleonjunge noch empfindlicher als Erwachsene, und so verstarben die Kleinen, noch bevor sie Namen hatten. Sie hinterließen jedoch die kleinen Fruchtfliegen, mit denen ich sie gefüttert hatte und die sich, da klimatisch und auch sonst unempfindlicher, noch einige Zeit frei in der Wohnung hielten. In jedem Fall länger als meine Futtergrillenzucht, die wegen der hervorragenden Akustik von Futtergrillenbehältnissen irgendwann auf Anordnung meines Vaters aus dem Haus geworfen wurde mit dem Hinweis:

»Ja, in Italien im Sommer ist Grillenzirpen schön. Trotzdem kommen die weg!«

Die kleinen Fliegen waren sogar zäher als die normalen Fliegen. Das kann ich aus Erfahrung beurteilen, seit ich die Idee hatte, übers Wochenende wegzufahren und eine Schale mit Fliegenmaden ins Terrarium zu stellen, so dass immer wieder mal eine schlüpfen konnte und das Chamäleon regelmäßig ein Häppchen zu essen bekam. Aber aufgrund der leichten Undichtigkeit des Terrariums und einer enormen Schlüpfrate waren nach dem Wochenende ein paar Hundert Fliegen im Terrarium und im Zimmer damit beschäftigt, womit auch immer Fliegen sich beschäftigen. Das überforderte selbst Ottos Hunger und Jagdeifer.

Zum Glück war es Sommer, und man konnte die Fenster ein paar Tage offen lassen. Aber nicht nur die Fliegen gingen oder starben. Annette auch. Wegen einer Milbenplage und geschwächt durch die Geburt, verstarb sie kurz nach den Jungen. Ich begrub sie neben Nina und verzichtete auf weitere Frust-Tierkäufe mit unabsehbaren Folgen.

Otto überstand die Milben und durfte zur Belohnung im Sommer auch mal raus in den Garten. Dort habe ich dann in freier Wildbahn erleben dürfen, was das Chamäleon erst so richtig zum Chamäleon macht: Tarnung!

Otto saß friedlich im Fliederbusch, als mein bester Freund und ich beschlossen, zum Baden zu fahren. Nach fünfzig Metern Radfahrt fiel mir Otto ein, und wir drehten um, um ihn ins Terrarium zurückzubringen.

Nun ist es mit Chamäleonen ein bisschen so wie mit Schlüsseln oder Geldbeuteln, die man vergisst. Wenn einem einfällt, dass man sie vergessen hat, und man schnell zurückgeht, um sie zu holen, sucht man ausnahmslos ewig, weil sie genau dann nicht am angestammten Platz liegen.

Mein Vater, mein Bruder, die Nachbarn, mein bester Freund und ich suchten drei Stunden lang, bevor Otto sich plötzlich kurz bewegte und damit seinen Standort verriet.

Ich hatte damals wohl grundsätzlich ein Händchen für Vergesslichkeit, nicht nur bezüglich Haustieren, sondern auch was Schlüssel und vor allem Geldbeutel betraf. Das wurde mir vollends bewusst, als ich einmal nach einem Lebensmitteleinkauf, bei dem ich nachweislich Geld dabei gehabt hatte, wieder von zu Hause loswollte und nach fünfzig Metern feststellte:

»Kein Geldbeutel dabei!«

Ich suchte gut zwei Stunden danach, wobei ich zweimal zum Geschäft zurückradelte. Als ich ihn schließlich im Kühlschrank neben der Butter fand – und das auch nur, weil ich mir erschöpft ein Brot schmieren wollte –, warf das doch einige grundlegende Fragen auf bezüglich meiner geistigen Präsenz im Hier und Jetzt. Und leider sind Haustiere deutlich empfindlicher als Geldbeutel.

Der Herbst kam, und mit ihm ging Otto. Die Milben waren zurückgekehrt, und er hatte sich verkühlt. Ich begrub ihn neben Nina, Annette, den Jungen, Captain Cook, der Schildkröte meines Bruders, und Minka der Katze, die zwei Jahre vorher von einem Auto überfahren worden war.

Reptilienhaltung war Neuland für mich gewesen – und das ist es auch geblieben. Ich war ein gutes Beispiel für etwas, was man in der Wirtschaft, aber auch in der Politik täglich verfolgen kann und was seit jeher gilt, wenn sich jemand aufmacht, um unentdecktes Land in Besitz zu nehmen, seien es die Konquistadores oder die Hunnen:

Wichtigtuer ohne wirkliche Ahnung hinterlassen meist viele Gräber.

Zum Glück gibt es Arten der Selbstdarstellung, die weniger Kollateralschäden verursachen, und glücklicherweise fand ich eine. Da zudem die Pubertät eingesetzt hatte, gewann das Urteil von Mädchen zunehmend an Gewicht. Also habe ich still und leise den Club der Terrarianer verlassen und bin einem Leichtathletikverein beigetreten.

4 bürgerrechtler

Mit dreizehn ist man nicht mehr Kind, sondern Teenager, und somit erwachsenes Mitglied der Gesellschaft. Was aber, wenn sich die Gesellschaft ändert? Das erlebte ich eindringlich, als ich aufgrund eines beruflichen Austauschjahres meines Vaters als Dreizehnjähriger für ein Jahr in Pensacola, Florida, landete.

Nun hat Florida einen guten Klang, und obwohl ich noch zu jung war, um an Pools oder am flaschengrünen Meer Cocktails zu schlürfen, versprach es doch weiße Strände, Palmen und ein angenehmes Reizklima. Und Pensacola hat traumhafte Strände, inklusive Palmen und einer sanften Brandung. Otto hätte sich hier wohlgefühlt.

Doch natürlich verbindet man mit Florida außerdem noch weiße Anzüge, Ernest Hemingway, Exilkubaner und mondänes Lebensgefühl.

Was das betrifft, liegt Pensacola nur geografisch in Florida. Zehn Meilen entfernt beginnt bereits Alabama, und das trifft die Sache schon eher. Die Hauptattraktionen Pensacolas sind also schnell beschrieben:

Highlight ist die vorgelagerte schmale Insel, Gulf Breeze, und der anhängige »Five Mile Beach«, ein endlos langer, dünner weißer Sandstreifen, spärlich bewachsen, auf dem sich jeder Darsteller aller jemals gesendeten Bacardiwerbungen sofort häuslich niederlassen würde.

Dazu kommt das historische Zentrum, wobei aus Europa kommend das Wort »historisch« in den USA immer etwas Bemitleidenswertes hat, sobald man die anhängigen Jahreszahlen sieht. Es ist nicht immer leicht, Menschen mit dem nötigen Enthusiasmus zu begegnen, die einem erzählen, dass dieses Gebäude schon achtzig Jahre alt sei, wenn man daheim die eigene Uroma, die über achtzig ist, regelmäßig in ihrer Wohnung besucht hat, in der sie ganz unspektakulär seit ihrer Geburt lebt.

Die dritte Attraktion war der Flugzeugträger U.S.S. Lexington, der als Ausbildungsschiff für Navy-Piloten diente und ab und zu Tag der offenen Kajüte hatte. Sicher die Hälfte der Einwohner Pensacolas bestand aus Navy-Mitarbeitern rund um den Navy-Stützpunkt. Nun ist in den Staaten die Soldatenlaufbahn nicht nur Auffangbecken für Hochbegabte, was sich schon auch auf die geistige Gesamtsituation einer Ortschaft auswirken kann. Ich erinnere mich noch an einen US Marine, der mir bei einem Besuch immer zuzwinkerte, wenn er den Kronkorken einer Bierflasche mit der Hand aufdrehte und sagte:

»Das ist ein Schraubverschluss.«

Meine Versuche, das nachzumachen, haben mich einige Hautschichten gekostet, und die Wahrscheinlichkeit, später mal Soldat zu werden, deutlich verringert.

Was die Kleinstadt Pensacola selbst betrifft, ihre Ausstrahlung und ihren kulturellen Einfluss, kann man sie wohl am besten mit dem Wort »Salzgitter« beschreiben. Ich war mit dem Leichtathletikverein mal zur Teilnahme an den deutschen Meisterschaften im Mehrkampf nach Salzgitter gereist, und das war eine erstaunliche Erfahrung. Nicht der Wettkampf, da wurde ich Siebter meines Jahrgangs, sondern der Ort. Eine Ansammlung von ein- bis zweigeschossigen Wohnbehältnissen, locker verteilt, und ohne den Eindruck zu vermitteln, dass es irgendwo anfing und irgendwo aufhörte. Der Stadtkern war einen halben Quadratkilometer groß, und wenn man ihn verlassen hatte, glaubte man schon außerhalb zu sein, blieb aber, obwohl das Auto ständig in Bewegung war, noch eine ganze Weile lang in Salzgitter. In Pensacola war das noch ausgeprägter, hunderttausend Einwohner verteilten sich dort auf die Fläche von München. Doch zu den Einwohnern später.

Meine persönliche Hauptattraktion Pensacolas konnte man nur erleben, wenn man wie ich länger dort wohnte: Kabelfernsehen; und was noch sensationeller war: Pay-TV. Damals begann das deutsche Nachmittagsfernsehen gegen 16:00 Uhr auf drei Programmen. Da konnte man nicht vormittags *Bugs Bunny* sehen. Nun kann man darüber streiten, ob es für einen Teenager wichtig ist, *Bugs Bunny* zu sehen, aber ich hatte wochenends und in den Schulferien für solche Diskussionen wenig Zeit, denn nach *Bugs Bunny* kam *Roadrunner*, gefolgt von *Love Boat* und *Starsky & Hutch* – wenn nicht gerade ein Spielfilm im Pay-TV lief, den ich noch nicht kannte. Ich nehme an, meine Motivation war vor allem, das Erlebnis »Schule in den Südstaaten« zu verdrängen und außerdem durch Zeichentrickfilme und rund um die Uhr laufende Vorabendserien meinen Bildungshunger zu stillen.

Schließlich war ich aufgrund der auch in Pensacola existierenden Schulpflicht ein Jahr Gast der Bellview Middle School, 8. Klasse. Der Stundenplan war jeden Tag der gleiche:

»Civics«, eine Art Zivilkunde, bestehend aus amerikanischer Geschichte, dann Mathe, gefolgt von »Science«, was im Ausführen einfachster chemischer Experimente bestand (irgendwas über dem Bunsenbrenner im Reagenzglas ankokeln, bis es die Farbe ändert), dann eine Mischung aus Kunst und Werken, Sport, Mittagessen und schließlich Englisch.

»Civics« begann immer damit, dass sich alle erhoben, die Hand aufs Herz legten, auf die amerikanische Flagge schauten und gemeinsam sprachen:

»I pledge allegiance to the Flag of the United States of America, and to the Republic for which it stands, one Nation under God, indivisible, with liberty and justice for all.«

Soll heißen: »Ich schwöre Treue auf die Fahne der Vereinigten Staaten von Amerika und die Republik, für die sie steht, eine Nation unter Gott, unteilbar, mit Freiheit und Gerechtigkeit für alle.«

Das schworen alle außer mir, denn als Deutscher war ich von dem Ritual ausgenommen, was ich als unglaublich cool empfand. Sitzen bleiben, wenn alle anderen aufstehen und verbale Entsprechungen von Fackelzügen im Stechschritt durchführen müssen, war großes Freiheitstischtennis. Anschließend schauten wir meist einen schwarz-weißen Lehrfilm zu wichtigen Figuren der amerikanischen Geschichte.

Mathe war im Vergleich zur Schule zu Hause circa zwei Jahre hinterher, so dass ich ein Jahr lang mal als absoluter Mathecrack durchgegangen bin. Ich habe sogar eine Auszeichnung mit Urkunde bekommen: bester Matheschüler des Jahres. Leider hat mir, als ich nach zwölf Monaten wieder nach Deutschland zurückgekehrt bin, dieses Jahr so sehr gefehlt, dass ich fortan eine Fünf in Mathe bis zum Abitur durchgeschleppt habe. Was eindringlich beweist: Verfrühte Ehrungen können einen Werdegang auch bremsen. Hybris ist schlecht fürs Geschäft. Aber es hat trotzdem verdammt gutgetan.

Der Naturwissenschaftslehrer war ein sehr netter Mann, der in Pensacola wohl sehr einsam war. Nicht sexuell, intellektuell. Anders konnte ich mir nicht erklären, dass er Stunde um Stunde damit verbrachte, sich mit mir vorne am Lehrertisch über alles mögliche Europäische zu unterhalten, während der Rest der Klasse Bunsenbrenner bediente. Sein größter Traum war, einmal den *Ring der Nibelungen* in Bayreuth zu sehen. Ich vermute, ich war außer ihm und meinem Vater der Einzige in Pensacola, der wusste, dass es dabei nicht um einen Fantasyroman oder Nazi-Actionfilm ging. Die Gespräche waren sehr fruchtbar, und wenn ich frühzeitig Reichtum erlangt hätte, hätte ich ihm gerne irgendwie Eintrittskarten verschafft. Ich würde es immer noch gerne tun.

Kunst und Werken war Kunst und Werken. Das einzige Highlight war, wie ich einmal beim Kalligraphieren, bei dem jeder einen wichtigen Satz bildlich ausschmücken sollte und die meisten zu Bibelzitaten griffen, den schönen Satz »In einem Kaiserschmarrn hat eine Sultanine nichts verloren« von Gerhard Polt grafisch garnierte. Ich weiß allerdings nicht mehr genau, was ich dem ahnungslosen Kunstlehrer erzählte, um welche altdeutsche Weisheit es sich bei diesem Satz handelte; ich glaube, es war irgendwas mit Heimat.

Der Englischunterricht war erst mühsam und später entspannt, wobei die Tatsache, dass ich mich sehr gut schlug, wohl eher dem Gesamtniveau zugeschrieben werden muss.

Das mit Abstand wichtigste Fach war sicher Sport, da es den sozialen Status bestimmte. Es gab ganz klar eingeteilte Klassen unter den Schülern. Die Oberschichtler, die wurden bewundert, mit denen wollte jeder reden, neben denen wollte zu Mittag jeder sitzen. Durfte aber nicht jeder. Wichtigste Eigenschaft der Jungs in der Oberschicht war Sport, idealerweise war man Mitglied der Basketball- oder American-Football-Schulauswahl, mit Abstrichen folgte Baseball oder Leichtathletik. Je wohlhabender die Eltern waren, umso eher wurde das Schlecht-in-Sport-sein gesellschaftlich toleriert. Bei den Mädchen war es ähnlich, nur mit Aussehen statt mit Sport, wobei auch hier der Reichtum der Eltern körperliche Nachteile ausgleichen konnte.

Dann war da die Mittelschicht, die wurde von der Oberschicht in Maßen toleriert. Das waren dann eher die Begabten, also die teilweise nützlichen, mittelmäßig aussehenden Semicoolen, und die Wasserträger.

Und dann gab es noch die Unterschicht, sprich die Trottel, die Hässlichen, die Künstler und die armen Unsportlichen.

Auf den ersten Blick eine recht simple Leistungsgesellschaft, die meine Pläne, eine Sportkarriere anzustreben, eigentlich unterstützte. Allerdings gab es einen Haken. Es gab nämlich noch eine »Schicht«, die, egal wie gut aussehend der Betreffende war, egal wie reich die Eltern (was sowieso extrem selten war) und vor allem egal wie die sportlichen Leistungen waren, immer zur Unterschicht gehörte. Die Schwarzen, oder wie man zehn Jahre später sagen sollte: die Afroamerikaner. Dieses Schicksal, so befürchtete ich, konnte mir als Ausländer auch blühen. Zwar hatte ich einen Sonderstatus, da alle wussten, nach einem Jahr bin ich weg, aber falls jemand auf die Idee kam, mich als Einheimischen zu betrachten, dann konnte ich mich quasi als »Ersatz-Schwarzer« wiederfinden.

Auf den ersten Blick hatte die Gesellschaft dort nichts Rassistisches. Und als jemand, der seit drei Jahren im Deutschunterricht fast ausschließlich Texte zum Dritten Reich rezipierte, glaubte ich mich da durchaus sensibilisiert. Aber mir fiel doch erst relativ spät auf, dass es Orte gab – beispielsweise die Lokalitäten im historischen Zentrum –, wo man so gut wie keine Schwarzen antraf. Darüber sprach allerdings niemand, zumindest nicht mit mir. Vielleicht hat man mich auch deshalb nicht ins Bild gesetzt, weil bei mir wegen meiner deutschen Herkunft eine gewisse Grundhaltung vorausgesetzt wurde. Sehr oft haben mich Menschen verschiedenster Altersstufen gefragt: »Where are you from?«

»Germany.«

»East or West Germany?«

»West.«

»OK. Are you Nazi?«

Letzteres kam mit der gleichen entspannten Haltung, mit der man bei McDonald's gefragt wird:

»Einzeln oder als Menü?«

Wenn ich »ja« gesagt hätte, wäre das, so glaube ich, durchaus des Öfteren auf Verständnis gestoßen. Von zu Hause her kannte ich damals Rassismus in Form von Skinheads, die Ausländer verprügeln, was man regelmäßig in den Zeitungen lesen konnte, hirnfreien Neonazis, die fahnenschwingend »Ausländer raus«-Parolen gröhlten und sich mit der Antifa Pflastersteingefechte lieferten, und in Form von verbiesterten Rentnern, die über Asylanten und Arbeitsplätze schwadronierten.

Dort aber erlebte ich zum ersten Mal Rassismus auf dem nächsten Level: einen, über den keiner redet. Der einfach da ist. Mir hat das mal ein Schulkamerad erklärt. Wenn man einem durchschnittlichen Pensacolianer sagen würde:

»Schwarze sind dümmer und fauler als Weiße«, dann ist das von der Aussagekraft her so, als würde man sagen:

»Wusstest du, dass morgens die Sonne aufgeht und abends sogar unter?«

So was weiß man einfach, man redet nicht darüber.

In welchem Umfeld dieses Denken erblühen – oder sollte man vielleicht lieber sagen: Schimmel bilden kann, erlebte ich beim Besuch eines sehr netten Kerls aus der oberen Mittelschicht, der mich so oft zu sich eingeladen hatte, dass es auch für amerikanische Verhältnisse als tatsächliche Einladung galt.

Die Familie bewohnte, wie neunzig Prozent der Einwohner, ein kleines, frei stehendes, einstöckiges Haus aus leichtem Holz und Rigips. Daneben befand sich eine Garage in gleicher Größe wie das Haus, deren Inhalt jedem Schrotthändler Freudentränen in die Augen getrieben hätte. Nach Ankunft folgte die Vorstellung bei der Mutter. Sie war eine unfassbar dicke Frau zwischen Mitte dreißig und Anfang fünfzig – so genau ließ sich das unter den Fettpolstern nicht eruieren –, die in einer alten Sitzgruppe saß, oder besser: hing, und fernsah. Sie blickte kurz zu mir auf, als ihr Sohn mich vorstellte, gab einen undefinierbaren Laut von sich und glotzte weiter.

Weil das Zimmer meines Schulfreunds eine Kopie der Garage war, nur erheblich kleiner, spielten wir Baseball hinter dem Haus. Garten wäre der falsche Ausdruck. Es war eine lehmige Fläche mit vereinzelten Grasansätzen, dazwischen einige Bäume und Sträucher, und sah aus wie die gärtnerische Entsprechung des Kopfes eines Tschernobylstrahlenopfers. Was ich allerdings damals noch nicht wissen konnte, denn der GAU in Tschernobyl passierte erst fünf Jahre später.

Wir spielten mit dem Hund des Hauses, einem Husky, der schmutziger war als der Fußabtreter vor der Tür. Mein Freund erzählte mir, ihr letzter Hund sei vom Nachbarn erschossen worden, weil er den stacheldrahtgekrönten Gartenzaun übersprungen hatte und dabei wirkte, als würde er die Hühner von nebenan nicht nur erschrecken wollen. Auf meinen fragenden und von Panik untermalten Gesichtsausdruck hin wurde ich schnell aufgeklärt, man müsse sich nicht sorgen, auf Jugendliche habe der Nachbar bisher nie geschossen, und außerdem sei auch der Vater meines Freundes gut bewaffnet. Die Schrotflinte durfte ich beim Abendessen mit dem Vater selbst bestaunen. Es war das Einzige, was ihn zum Reden veranlasste, außer einem gelegentlichen »Shut up«, also »Halt's Maul« gegenüber seiner Frau und seinem Sohn, wenn sie den Fernseher zu lange übertönten.

Mit mir redete er immerhin kurz, er fragte mich:

»Where are you from?«

»From Germany, Sir«, antwortete ich, seinen Sohn kopierend, der seine Eltern ebenfalls mit »Sir« und »Ma'am« anredete.

»Are you Nazi?«

»No, Sir!«

»Hmmm.«

Ich nehme an, er wusste nicht, dass es East und West Germany gab. Zum Glück verschwand er nach dem Essen, einem Ein-Gang-Menü mit Tiefkühlpizza, um einen zu trinken.

Wir übernachteten in der Gartenscheune, nachdem wir mit ein paar Nachbarskindern noch ein bisschen American Football gespielt hatten. Es war muffig, und immer wieder bellten Hunde. Nur einmal war es eine Weile ruhig, nachdem ein Schuss gefallen war, allerdings nicht nah genug, um den Hund des Hauses zu gefährden. Ich habe kein Auge zugetan und war am nächsten Morgen ziemlich stolz, mir nicht in den Schlafsack gemacht zu haben.

Meinen Freund, ich will ihn Sisyphus nennen, weil er eindeutig Ziele hatte, aber seine Umgebung immer wieder alles zurückrollen ließ, habe ich danach nie mehr besucht.

Was die dortige Gesellschaft betraf, so hatte ich einen Moment, an dem ich eine Marke hätte setzen können. Nein, nicht nur eine Marke, ein wirkliches Statement. Für Toleranz und Gleichberechtigung. Es war nach dem Training der Leichtathletikmannschaft, der ich schon allein deshalb angehörte, weil ich so meinen Status verbessern konnte. Es waren noch zwei andere da: ein Bekannter aus der absoluten Oberschicht, den ich auf der Poolparty seines besten Oberschichtkumpels näher kennengelernt hatte, einer Party, die zur Freude aller von einer Schlägerei mit den Nachbarn gekrönt wurde; und ein Schwarzer, mit dem ich mich gut verstand.

Wir warteten darauf, von den Eltern abgeholt zu werden. Der schwarze Kumpel wurde jedoch von seinem großen Bruder abgeholt, der gerade Zeit hatte, und so beschlossen wir, zwei gegen zwei Basketball zu spielen. Der schwarze Kumpel spielte mit seinem Bruder, was einleuchtete, Familie geht vor.

Der Oberschichtler nahm den Basketball, sprach die Worte:

»We start, 'cause we're white«, und warf mir den Ball zu.

Wir fangen an, weil wir weiß sind.

Mein erster Gedanke war:

»Und gleich hören wir auf, weil wir tot sind.«

Denn der Bruder des schwarzen Kumpels war deutlich älter und größer. Aber weder er noch mein Kumpel zuckten auch nur mit der Wimper. Sie hatten es deutlich gehört, aber in einer Mischung aus Erfahrung und Resignation einfach ignoriert.

Mir war klar, wenn ich jetzt bewusst den Ball nicht zu meinem Mitspieler, sondern zu den beiden spiele, dann bin ich ein Held. Dann lebe ich meine Überzeugung:

»All men are created equal«, alle Menschen sind gleich erschaffen, wie es Thomas Jefferson in der Unabhängigkeitserklärung formulierte.

Das wusste ich aus einem Lehrfilm, den wir in »Civics« geschaut hatten.

Es war der Tag und es war die Stunde, Flagge zu zeigen für Gleichberechtigung.

Ich habe den Ball zum Oberschichtler geworfen.

Überzeugungen sind billig, dazu stehen kommt teuer, und ich war die reduzierteste Ware im ganzen Kaufhaus. Ich war doch mit anderen Ansichten aufgewachsen, ich hätte sie da wirklich mal gegen Widerstand leben können. Die Einheimischen waren schließlich von klein auf zugemüllt worden und wussten es zum Teil nicht besser. Ihr Horizont entsprach der Auswahl beim Mittagessen in der Schule. Dort gab es jeden Tag einen Burger mit Pommes oder als Alternative wechselnd Pizza, Chili oder Burritos. Und wer nie seine fettige Pizzaschnitte mit solchen Pommes aß, der kennt Euch nicht, Ihr nährstoffarmen Kräfte. Deshalb sah ich in Pensacola auch zuhauf eine Art Körperbau, die sich hier erst seit Ende der neunziger Jahre verbreitet: ein schlanker, graziler Oberkörper, angebracht am Fahrgestell eines gemästeten Brauereigauls.

Aber ich lenke ab. Ich hatte im entscheidenden Moment versagt. Kein großes wagnerisches Drama mit schlechtem Ende, eine ganz banale Kleinstadtfeigheit.

Zwei Wochen später dann machte eine schwere Knieverletzung meinen sportlichen Ambitionen den Garaus. Ich war traurig, aber da einige Tage zuvor, nach einem Wettkampf im schwarzen Viertel der Stadt, der Oberschichtbasketballer durch seine rassistischen Bemerkungen diesmal doch einen Streit angezettelt hatte und unser Bus nach der hastigen und fluchtartigen Abfahrt mit Pflastersteinen beworfen worden war, konnte ich auch die Vorteile der Leistungsunfähigkeit in einer Leistungsgesellschaft sehen.

Danach zog ich mich zunehmend vor den Fernseher zurück. Während der Vorabendserien konnte ich wahlweise vergessen oder Held sein, auf dem Sofa, ohne andere Menschen. Ich hatte kurzfristig keine Pläne mehr und auch keine Ambitionen. Was soll aus einem Feigling schon werden?

Einziger Lichtblick im restlichen Jahr war ein kulturelles Ereignis, dem ich mit meinem Vater und meinem Bruder in Mobile in Alabama beiwohnen durfte. Einem Ray-Charles-Konzert, bei dem wir die einzigen weißen Besucher waren. Ein seltsames Gefühl, aber obwohl ich mir innerlich sicher war, dass alle Anwesenden irgendwie von meinem Basketball-GAU wussten, trafen wir doch nur auf erstaunte, befremdete und freundliche Blicke.

Gesellschaften sind wohl doch immer vielschichtiger, als man glaubt, auch in Pensacola, soweit man das als Teenager beurteilen kann. Doch wer *Bugs Bunny* schaut, kann währenddessen zumindest nichts Böses tun.

5 informatiker

Mein erster Job. Also: Job mit *richtiger* Bezahlung, drei Wochen *richtige* Arbeit, ein Schülerjob. Und sogar auf Lohnsteuerkarte, ein seriös klingendes Wort, das ich vorher gar nicht kannte und das alles noch ernsthafter machte. Bei einer riesigen Firma, deren Name als Synonym für große Unternehmen steht. Dort zu arbeiten galt früher als Verbeamtung, was heute unvorstellbar ist. Und dann war ich auch noch an der Hightech-Front, EDV, wobei der Stand der damaligen Hightech heute ebenso unvorstellbar ist. Die Computer waren beinahe noch analog. Ich saß vor einem schwarzen Bildschirm mit grünen Schriftzeichen oder Zahlen, Grafik gab es nur mit Papier und Malstiften. Der Computer war im Nebenraum, oder besser gesagt, der Computer war der Nebenraum.

Meine Tätigkeit bestand darin, den von Programmierern auf Papier mit Rotstift korrigierten Programmiercode, was aussah wie eine korrigierte Klassenarbeit, in den Rechner einzugeben. Da man nur die Korrekturen eintippen musste, ging das recht schnell, doch danach musste man es ausdrucken. Ausdrucken dauerte je nach Uhrzeit zwischen einer halben und einer Stunde, nach der man dann den Ausdruck im Nebengebäude abholen konnte. Das klingt heute so, als würde man erzählen, man war mit dem Pferdefuhrwerk im Baumarkt und dann noch kurz beim Hufschmied tanken mit den Worten:

»Meister, leg er mir noch einen Schokoriegel und eine Cola drauf, bevor er anspannt.«

Ich hatte also viel Zeit. Diese Zeit nutzte ich, um den firmeninternen Rekord im hausinternen Computerspiel »Autorennen« aufzustellen, das die Programmierer selbst geschrieben hatten. Die Passwörter für das Spiel zu bekommen war ein großes Kompliment an mich, an meine Vertrauenswürdigkeit und meine Verschwiegenheit. Gut, mit vierzehn war man ja beispielsweise in steinzeitlichen Kulturen schon längst volljährig. Die Einführung in die Spielregeln grenzte fast schon an ein indianisches Ritual und wog weit schwerer als das Vertraulichkeitsbriefing, das ich von offizieller Firmenseite erhalten hatte.

Ich habe mich der Verantwortung gestellt und drei harte Wochen lang gearbeitet, um am vorletzten Tag den Highscore zu zementieren. Sicher ist das Wort Computerspiel irritierend, da es keine Grafik gab, das Spiel also aus reinen Zahlenangaben bestand. Aber so wie Jahre später im Film *Matrix* zu bestaunen, kann man lernen, Zahlenkolonnen zu lesen, als würde man Bilder betrachten. (Ebenso wie man lernen kann, Computer zu spielen und sich dabei vorzustellen, man würde arbeiten.)

Um geistig nicht zu verkommen, gab es ein weiteres Ritual: Jeden Donnerstag nach der Mittagspause wurde im Kreise der Büromannschaft das Kreuzworträtsel des *Zeit*-Magazins gelöst.

So sah also echte Arbeit aus, das war es also, was Eltern während ihrer Tagesfreizeit machten. Interessant, aber irgendwie auch enttäuschend. Unter Arbeit hatte ich mir irgendwie mehr vorgestellt. Lösen Verhaltensforscher im Busch auch jeden Donnerstag das Kreuzworträtsel? Ich beschloss, Ausschau nach mehr zu halten, nach Dingen, die wichtiger sind als Lohnsteuerkarten. Die einen erheben, die bleiben.

Was das Bleiben betrifft, mein Rundenrekord war übrigens 2:41:05 min.

Mehr lässt sich hierzu nicht sagen, aber wie ich später auch in anderen Bereichen erfahren sollte, sind erste Male häufig eher kurz.

6 friedensstifter

Erwachsenwerden bedarf einer gewissen Erfahrung, es muss wie ein Steak eine Weile abhängen, bis man die nötige Reife erreicht, sich also nicht nur erwachsen *fühlt*, so wie mit dreizehn, wenn die äußere Reife noch von Pickeln gestört wird, sondern wenn man es auch wirklich ist, so wie ich mit fünfzehn.

Mir wurde damals schon kurz nach den Sommerferien klar, dass ich mich nun als Zehntklässler nicht mehr von anderen Berufstätigen unterscheide, außer durch die günstigere Monatskarte. Die Sorglosigkeit der Kindheit war lang vorbei, die Klippen der Pubertät waren umschifft, und jetzt wurde es Zeit, meinen Platz am Ratsfeuer der Älteren einzunehmen. Man darf als Erwachsener nicht mehr nur an sich selbst denken, sondern muss auch was zurückgeben. Aber was? Und an wen?

Die Antwort hierzu dämmerte herauf, als ich eines Samstags beim ehrenamtlichen Einkauf für den Wochenendbrunch die Butter vergessen hatte. Mein Vater, sonst teilweise tolerant, wenngleich schon sehr weit von seinen antiautoritären 68er-Ideen entfernt, bekam einen bei ihm hie und da üblichen semicholerischen Anfall, in diesem Fall wegen der Wertlosigkeit von gut gemeinten Aktionen wie Einkaufen, wenn sie unvollständig durchgeführt werden. Ich wiederum bekam einen semicholerischen Anfall über dieses beinahe schon faschistoid zu nennende Gründlichkeitsdenken, das so viel guten Willen meinerseits einfach negierte, zugunsten ungebremsten Ablassens angestauter Übellaunigkeit. Was nutzt es einem, wenn der Vater im Krieg geboren wurde, aber vor lauter Wirtschaftswunder vierzig Jahre später sein Brot nicht mehr ohne Butter essen kann?

»Das Gegenteil von gut ist gut gemeint«, sagte mein Vater.

Was für eine überflüssige Ansage! Wenn eine so gut gemeinte Aktion wie der Frühstückseinkauf aufgrund kleiner kosmetischer Mängel also nichts gilt, kann ich es auch gleich bleibenlassen, brüllte ich. Ich habe es nur anders formuliert:

»Dann kauf halt nächstes Mal den Scheiß allein.« oder so ähnlich.

Aber es war offensichtlich zu spät für Argumente. Altersstarrsinn. Noch während ich erneut zum Laden radelte, um Butter zu holen, kam die traurige Gewissheit über mich: Mein Vater war spießig geworden, hatte die Revolution und ihre Ideale schmählich verraten. Wie so viele Mitglieder der herrschenden Klassen hatte er seine Jahre als einfacher Arbeiter an der Universität vergessen und war nun satt, egoistisch und willens, seine Stellung als Taschengeldgeber mir gegenüber schamlos auszunutzen. Nur weil ich von seinem Geld lebte, mir damit Schallplatten, Schulbücher, Busfahrkarten und das gelegentliche Arbeiterbier kaufte, war ich also Produktionsvieh geworden. War das immer schon so gewesen? Mir graute. Ich zog kurz in Erwägung, auf einem Schiff anzuheuern und mein Glück in anderen Ländern zu versuchen, aber mein Reisepass war gerade abgelaufen, und am Donnerstag war wieder Popclub. Der Treffpunkt für Gleichgesinnte. Menschen, die sich wie ich nicht damit zufriedengaben, einfach nur ihre Hausaufgaben zu machen, sondern die Gesellschaft und auch die Welt verändern wollten, zum Wohle aller, und dabei gute Musik hörten. Musik, die mein Vater zwar noch im Plattenschrank, aber nicht mehr auf dem Plattenteller hatte. Nein, hier waren Menschen, die sich nicht nur um die Butter auf dem Brot sorgten, sondern ab und zu auch mal zum Kiffen rausgingen.

Und sie würde da sein. Wollen wir sie Kassandra nennen, wegen ihrer kritischen Betrachtung der Zukunft. Sie hatte leicht angestrubbelte Haare, einen ganz bezaubernden dunkelblonden Wischmopp, und die Nase war stupsig. Sie trug wie die anderen weite Hemden in Weiß oder Batik, dazu ein Palästinensertuch und Jeans mit Botschaften in Kuli. Aber sie war engagierter, soziologisch relevanter, und ihr Busen war größer und sehr rund. Also – rein vom Sehen her zu urteilen, haptisch habe ich es nie verifizieren dürfen, es handelte sich mehr um platonische Lust. Wobei das Platonische von ihr und die Lust von mir kam. Ihr Busen passte perfekt zu ihrem noch sensationelleren Hintern, der ebenfalls grandios rund war, sogar in der Latzhose, die sie regelmäßig anhatte. Das sage ich heute rückblickend, damals lag mir jeglicher unemanzipatorischer Sexismus fern, außer beim Onanieren.

Aber zurück zur Sache. Der Donnerstag nahte, ich war im Popclub, sie auch, und als ich von einer zwanzigminütigen Tanzeinlage (zu einem einzigen Song, mehr brauchte man im Popclub nicht, um zwanzig Minuten zu füllen) zum Tisch zurückkam, hörte ich sie sagen:

»Das ist eine Schweinerei mit den Raketen!«

Als sich informierender Bürger, dessen Vater die *Süd-*

deutsche abonniert hatte, wusste ich sofort, sie spricht vom NATO-Doppelbeschluss und der Stationierung amerikanischer Pershing-II-Raketen in Deutschland. Der Kalte Krieg auf einem seiner Höhepunkte. Wir standen kurz vor der atomaren Vernichtung, dem »Day After«. Die Lage war also ernst. Hier war ihr gegenüber politische Reife gefragt und kein 08/15-Kommentar.

»Wegen dem Frieden«, warf ich ein.

Sie blickte mich ernst an und nickte. Ich lächelte. Sie nicht. Ich verstand. Manchmal geht die Sache vor, und man muss das Privatleben zurückstellen.

»Wir müssen was tun, wir müssen das verhindern, die Gesellschaft wachrütteln«, fuhr sie fort.

»Wegen dem Frieden«, insistierte ich. Diesmal ohne Lächeln. Sie nickte wieder.

»Kommst du mit?«, fragte sie mich.

»Klar, wir sollten alle hin.«

Volltreffer. Ich schwöre es, sie hatte kurz zurückgelächelt.

»Du kannst bei uns mitfahren, Samstag um neun ist Treffen.«

Durch geschicktes Ausfragen der anderen am Tisch, während sie tanzen war, erfasste ich das ganze Ausmaß dieses Gesprächs. Ich würde Teil der deutschen Geschichte werden. Teil der Geschichte der internationalen Friedensbewegung überhaupt. Die große Friedenskette, eine Kette von Menschen zwischen Ulm und Stuttgart, über einhundert Kilometer Gesinnung, Menschen, die sich an der Hand nehmen und gegen die Raketen sind und vor allem gegen die da oben. Samstag ist ein perfekter Tag dafür. Soll sich mein Vater doch seine Butter selber kaufen.

Und da wurde mir bewusst: Das ist es. Ich kann was tun. Ein neues Kapitel meines Lebens wird aufgeschlagen. Ich bin nicht Teil der Gesellschaft, ich bin *gegen* die Gesellschaft, und so werde ich sie ändern, gemeinsam mit den anderen Parias.

Sicher, ich hätte nie gedacht, dass man die Gesellschaft zwischen Ulm und Stuttgart ändern kann, aber wer bin ich, die Geschichte zu hinterfragen? Waterloo war schließlich auch über Jahrhunderte lang nur ein Kaff vor den Toren Brüssels. Man lernt eben immer dazu, zum Beispiel hätte ich auch nicht gedacht, dass selbstlose Friedensstifter so oft das Wort »ich« gebrauchen.

Ich konnte kaum schlafen bis Samstag. Mit Kassandra – die einen kannte, der einen kannte, der einen VW-Bus hatte – und anderen zu einem Happening zu fahren, Musik zu hören, die Welt zu verändern! Und natürlich freie Liebe. Welt, was brauchst du mehr, außer unseren Zielen?

Es war tatsächlich großartig. Nicht nur dass die Menschenkette wirklich geschlossen war, wir waren dort an der B10, wo wir standen, auch so viele Gesinnte, dass die Kette dreistrangig war. Wir hielten uns an den Händen und sangen alle:

»Wehrt euch, leistet Widerstand, gegen die Atomraketen im Land.«

Es sei erwähnt, ich habe zu der Zeit nie gesungen, schon gar nicht im Chor. Und da stand ich nun, inbrünstig singend, im Tonfall irgendwo zwischen »Ave Maria« und »Schiri – du Arschloch«. Ich hielt Kassandras Hand in der meinen, und beide waren wir Teil eines großen Ganzen, das gegen ein noch größeres Ganzes war, welches sich allerdings anders als wir nicht an den Händen hielt, sondern nur die Kontoverbindungen teilte. Innerlich musste ich lächeln, alle meine Pläne für die Zukunft waren doch sehr kindlich gewesen. Tierforscher und Sportler, das sind die Ziele eines Sechsjährigen, und wenn man erst mal angefangen hat, die Gesellschaft zu verändern, wirken sie reichlich naiv.

Es war ein großer Tag für den Frieden.

Der geschichtlichen Vollständigkeit halber will ich nicht verschweigen, dass der NATO-Doppelbeschluss und die Stationierung der Pershing II heute als eine der wichtigsten Entscheidungen Helmut Schmidts gilt, die er gegen die Meinungsmehrheit durchgesetzt hat und die wesentlich zum Aufstieg Gorbatschows und dem Fall des Eisernen Vorhangs beigetragen hat. Diese Entwicklung hatte Kassandra doch nicht ganz vorhergesehen.

Der persönlichen Vollständigkeit halber möchte ich noch hinzufügen, ich konnte auch nicht voraussehen, dass heute eines meiner größten Ziele ist, in zwanzig bis dreißig Jahren Helmut Schmidt zu werden.

Was Kassandra und mich betrifft, so haben wir leider kein gutes Ende gefunden.

Am Abend der Friedenskette ging ich nach Hause und Kassandra entschwand mit dem Besitzer des VW Busses. Aber wer stark genug ist, die Welt zu retten, der kann auch mal anderen gegenüber großzügig sein, selbst wenn sie älter sind und den Führerschein haben.

Um meiner Abneigung gegenüber der Gesellschaft und meiner frisch gewonnenen gesellschaftlichen Reife auch äußerlich Nachdruck zu verleihen, wünschte ich mir von meiner Mutter einen selbst gestrickten Pulli zu Weihnachten, in vielen dunklen Farben und bis fast zum Knie reichend. Mehr war im Augenblick nicht zu tun.

Es kam der Winter, und mit ihm die Raketen. Außerdem trat die Philosophie in mein Leben, und das nicht ohne Folgen. Ich glaube bis heute, dass Immanuel Kant die Schuld daran trägt, dass ich nicht Idealist geblieben bin.

Das lag daran, dass mein bester Freund im Rahmen der Kollegstufe Philosophieunterricht hatte und begeistert davon berichtete. Insbesondere von Kant, den zu lesen, wie er mir versicherte, beinahe unmöglich sei, weil er sich so kompliziert ausdrücke. Das kannte ich auch gut von mir, besonders von zu Hause, dieses Sich-unverstanden-Fühlen, deswegen las ich aus Solidarität einfach mal in die *Kritik der reinen Vernunft* rein. Dabei musste ich allerdings feststellen, dass Kants Schwierigkeiten, die Verständlichkeit betreffend, in einer ganz anderen Kategorie lagen, und das war mir dann vorerst doch zu viel, ich hatte selbst genug Sorgen.

Kassandra hatte nach dem VW-Busfahrer noch zwei weitere mit Führerschein gehabt, und unsere Wege hatten sich ein bisschen getrennt. Mit dem Erwachen des Frühlings würde sich das jedoch ändern, schon wegen des Friedens, so hoffte ich jedes Mal, wenn sie enge Hosen oder etwas mit Ausschnitt trug.

Bis zu jenem unseligen Tag Anfang April. Ein grauer, wolkenverhangener Tag, an dem man mit hängenden Schultern, den Kopf von der Last der Schwere gebeugt, vor Unterrichtsbeginn vor der Schule stand und möglichst nichtssagend und vielversprechend rauchte. Das hätte in der großen Pause genauso weitergehen sollen. Da aber kam Kassandra, empört, verbittert und voller Unverständnis über die Ignoranz der Schulleitung und anderer Verantwortlicher.

»Wisst ihr, was für ein Tag heute ist?«, fragte sie.

Alle, die nicht schon ihren Ausführungen im Klassenzimmer lauschen durften, so wie ich, blickten sie betroffen und mit einer aus Erfahrung gut abgestimmten Mischung aus Interesse, Schuldbewusstsein und Desinteresse an.

»Heute ist der Todestag von Martin Luther King.«

Nein, das hätten wir so nicht gewusst. Ich überlegte, wann eigentlich Gandhi gestorben war. Wir waren gespannt auf das Folgende, und jeder fing schon mal an, innerlich Empörung bereitzustellen, nur für alle Fälle.

Sie fuhr fort:

»Und ich war vorhin im Direktorat, das Thema wird im Unterricht *nicht* behandelt werden, die Flaggen werden *nicht* auf Trauer gesetzt, und es ist – obwohl ich es vorgeschlagen habe – nicht mal möglich, fünf Schweigeminuten für alle zu machen. Nicht mal fünf Minuten! Kommt mit!«

Wir kamen mit. Sie führte uns in die Mitte des Pausenhofs, neben die Sonnenuhr (Kunst am Bau!) und ließ uns einen Kreis bilden, dann mussten wir uns an den Händen fassen, schweigen, und in unsere Mitte stellte sie einen schlechten Kassettenrekorder, aus dem dann scheppernd und dröhnend die »I have a dream«-Rede von Martin Luther King erschallte. Beinahe fünfzehn Minuten lang stand ich da, in meinem dunklen und fast bis zu den Knien reichenden Pulli, ein stummer Chorknabe, während Kinder verschiedener Altersstufen um uns herum spielten und uns ärgerten, weil sie trotz mehrfach zugezischter Kurzbriefings den Ernst der Lage nicht verstanden oder ihn einfach nicht verstehen wollten. Die Gnade der späten Geburt. Wir Mahnwachler ragten im Schulhof auf wie die bärenfellbemützten Gardisten vor dem Buckingham Palace, die keine Miene verziehen, während Schaulustige ihre Hingabe auf die Probe stellen.

Diese fünfzehn Minuten haben jeglichen noch in mir

vorhandenen Funken Leidenschaft für Kassandra nachhaltig erkalten lassen, und das nicht nur wegen der Außentemperatur oder weil es die letzten fünf Minuten nieselte.

Nein, Kant hatte mich gelehrt zu unterscheiden zwischen dem Ding an sich und dem Ding für mich, der Erscheinung der Dinge. Martin Luther King hatte große Ziele, und ich bin wirklich ein Freund von Dr. King, auch damals schon gewesen. Seit meinen Erfahrungen in Florida war dieser Respekt sogar zutiefst persönlich verankert. Aber selbst ich erkenne manchmal den Unterschied zwischen zivilcouragiertem Friedensstiften und selbstgefälliger Wichtigtuerei. Und dieses bedrückende Schauspiel von zehn bis zwölf im Kreis stehenden Fünfzehn- bis Siebzehnjährigen war ganz sicher eine Form der – wenn auch absolut politisch korrekten und emanzipierten – Onanie. Und da bin ich schon damals eigen gewesen, mit dem Ding an sich will ich dann spielen, wenn *ich* will, und nicht wenn anderen einfällt: »Heute ist Dienstag, wer wird denn heute unterdrückt?« Ich halte Rassismus wie erwähnt für eine Geißel, aber ich bin mir sicher, Dr. King hätte auch keinen Spaß gehabt an diesem Vormittag und wäre wahrscheinlich schleunigst auf ein Gospelkonzert gegangen.

Nun ist fairerweise hinzuzufügen, dass ich seit frühester Kindheit von extremer Schüchternheit geplagt bin. Besonders vor Menschen zu stehen, ohne formalen Anlass, war ein Alptraum. Händchen haltend vor gefühlten zehntausend Schülern im Stand kalt schwitzend Betroffenheit zu simulieren war für mich die absolute Höchststrafe. Ich nehme an, das hat mir geholfen, die praktische Vernunft der Angelegenheit zu kritisieren. Zu Recht kann man mir deshalb vorhalten: Nur einige Monate vorher war ich davon beseelt gewesen, mit ganzen zweihunderttausend Menschen Händchen zu halten und Lieder abzusingen. Und jetzt, in einer Minderheitssituation, wollte ich nichts als weg. Das ist Populismus pur. Vielleicht bin ich tatsächlich populistisch veranlagt, ein Fähnchen im Wind. Aber zu meiner Verteidigung möchte ich sagen, Ort, Zeit und Inhalt einer Aktion sollten zusammenpassen, und Schauplatz des Spektakels war nicht Pensacola 1981 oder Georgia 1963. Vielleicht war es auch mein bisheriges Versagen in Zivilcourage, welches das gut Gemeinte zur Pausenhofkasperei umdeklinierte und auch später noch die Meinung hervorbrachte: Wenn einem schon Rassismus als Anlass zur Selbstdarstellung auf den Nägeln brennt, dann wäre meine Anregung, jemand Originelles auszusuchen, zum Beispiel Patrice Lumumba.

Und außerdem, ganz grundsätzlich: Das Gegenteil von gut ist gut gemeint!

Auch wenn diese Regel meiner Meinung nach an Frühstückstischen immer noch nichts verloren hat.

War also nichts mit Friedensstifter. Vorerst. Es wurde Zeit, meine Latzhose und das Palästinensertuch an den Nagel zu hängen und mich nach neuen Herausforderungen umzusehen. An diesem Abend habe ich mich, gemäß einer alten Tradition der Arbeiterklasse und mit dem Einverständnis der Gesellschaft, gepflegt zugesoffen.

Und seit diesem 4. April weiß ich, dass mein Idealismus manchmal eng gesteckte Grenzen hat, und wenn die überschritten werden, geht mir zu viel Gutmenscherei am Arsch vorbei, und wenn der noch so süß und rund ist.

7 zeuge

Zum Mannsein gehört natürlich auch, irgendwann das zu verrichten, was Voraussetzung allen Seins ist, insbesondere des eigenen. Also das zu tun, was die Eltern taten, um zu zeugen. Beischlaf, Entjungferung, eben: Sex.

Mein erstes Mal fand im Ausland statt, in Brüssel. Ich war fünfzehn und sie eine achtzehnjährige Französin. Welch eine Konstellation für eine außergewöhnliche erotische Geschichte! Ich war mir dessen natürlich völlig bewusst. Nehme ich an.

Der Abend war vielversprechend verlaufen, sowohl für mich als auch für meinen besten Freund, mit dem ich unterwegs war, und dessen Auserwählte. Nach ausgedehntem Knutschen ging es in die eigens für weitergehende Zwecke von der weisen älteren Schwester der Freundin meines besten Freundes zur Verfügung gestellte Bleibe. Dort gab es auch zwei Zimmer mit Schlafgelegenheiten. Das Bett war in jeder Hinsicht bereitet.

Ich war erstaunlicherweise trotz aller Abgeklärtheit aufgeregt wie ein fünfzehnjähriger Teenager vor dem ersten Mal. Wir fielen ungelenk, nein, ich fiel ungelenk über sie her, wir küssten und liebkosten uns, ich lag auf ihr, wir rieben uns aneinander, und alles hätte gut sein können. Aber in der Hitze des Gefechts habe ich irgendwie übersehen, die Hose auszuziehen, und auch mit Hose an kann fortgesetztes Reiben zu den bekannten Ergebnissen führen.

Da lag ich nun im Bett, mit feuchter Hose, und wusste beim besten Willen nicht, was ich machen sollte, während nebenan mein bester Freund hörbar sein erstes Mal gehabt hatte. Es war einer der hilflosesten Momente meines Lebens, ich war so verwirrt, dass ich zu keiner weiteren Aktion fähig war. Ich hörte nur, wie jemand, der nach mir klang, in meinem Kopf immer und immer wieder die Worte wiederholte: »Du hast die Hose angelassen. Du hast die Hose angelassen …«, bis die Schwester ihre Wohnung wieder für sich beanspruchte.

Ganz am Rande meiner Ahnungslosigkeit fühlte ich mich wie Captain Ahab, der zugunsten eines Aquariums darauf verzichtet hat, Moby Dick zu jagen. Ich habe mich darüber so geschämt, dass ich schon aus Reflex anschließend der ganzen Welt erzählte, ich hätte den weißen Wal erlegt. Selbst meinem besten Freund.

Zum Glück – oder auch leider, da es eine Wiedergutmachung unmöglich machte –, trampten mein bester Freund und ich am nächsten Tag nach Hause. Ich war wohl etwas ruhig auf der Fahrt, besonders für jemand, der gerade sein erstes Mal hinter sich hat.

Zu Hause habe ich die Legende weitergesponnen. Erstaunt hat mich dabei, dass die Reaktion aller anderen auf meine Fiktion nicht anders war, als hätte ich wirklich meine Entjungferung bestanden.

Offenbar geht es nicht immer darum, etwas getan zu haben, um dafür gewürdigt zu werden. Es darf nur keine Zeugen geben. Gerade bei ersten Malen. Es würde mich nicht wundern, wenn Kolumbus nach seiner Ankunft in der neuen Welt erst mal alles, was dafür sprach, dass andere (mal ganz abgesehen von den Einwohnern) schon vorher dort gewesen waren, vergraben oder versteckt und dann ganz laut gerufen hätte:

»Erster!«

Und eine spätere Konversation mit den Einheimischen und offiziellen Vertretern der spanischen Krone lief wahrscheinlich so ab:

Kronenvertreter: »Sagen Sie, Indio, war schon mal ein Fremdling bei Ihnen zu Besuch?«

Kolumbus übersetzt das ins Indianische.

Indio antwortet: »Also da waren die Ägypter, dann die Wikinger, einer, der aussah wie ein Chinese, ab und zu mal jemand aus der Südsee; und ich meine, mir hat mal ein Kollege von einigen Afrikanern erzählt, die auf der Durchreise waren. Sonst fällt mir grade niemand ein.«

Kronenvertreter (an Kolumbus): »Was hat er gesagt?«

Kolumbus: »Nein.«

Falls der Kronenvertreter ein rechter Korinthenkacker und Erbsenzähler war und nachhakte, ging es vermutlich so weiter:

Kronenvertreter: »Das war aber eine lange Antwort für ein einfaches Nein.«

Kolumbus: »Na ja, er hat gesagt, die Krone muss wirklich absolut dumm sein, so blöde Fragen zu stellen.«

Kronenvertreter: »Kopf ab!«

Ich muss hinzufügen, durch meinen Vorfall gelernt zu haben, dass es einen Zeugen gibt, den man, so sehr man sich auch bemüht, nicht loswerden kann: sich selbst. Die Lorbeerkränze, die man sich windet, ohne sie verdient zu haben, können einem zwar Anerkennung bringen, aber diese Anerkennung wiegt wie Blei. Und wenn man sich viele dieser Kränze aufsetzt, wird es irgendwann sehr schwer. So schwer, dass es einem den Kopf nach vorne beugt, bis man sich nicht mehr im Spiegel ansehen kann.

Ich räume jedoch ein, so vor dem Spiegel zu stehen kann für den Betrachter immer noch wirken, als würde man sich vor seinem eigenen Spiegelbild verneigen.

Das Schlimmste von allem aber ist das Gefühl, etwas Wichtiges verpasst zu haben. Nicht tief genug eingedrungen zu sein. Um alles zu erleben, was das Leben zu bieten hat, ob im Bett oder auch nur im Büro, muss man anscheinend die Hosen auch mal runterlassen.

8 vandale

Alles Gute ist irgendwann vorbei, aber glücklicherweise auch die Schulzeit. Dass man nicht für das Leben, sondern für die Schule lernt, weiß jeder, der lebt. Aber immer wieder erzählten mir während meiner Schulzeit gerade ältere Männer, die erfolgreich im Beruf standen, mit einer Mischung aus Märchenonkel- und Bundeskanzlergehabe, die nichtvorhandene Wilhelm-Busch-Gedächtnis-Pfeife im Mundwinkel rauchend, dass die Jahre in der Schule die schönste Zeit des Lebens seien. Man wüsste es aber erst später zu schätzen. Nie wieder würde man so sorglos sein, so frei von Zwängen und umgeben von Freunden.

Lassen wir mal außen vor, dass ich als Teenie dachte, wenn diese Herren von Schulzeit reden, sprechen sie vom viktorianischen Zeitalter. Vergessen wir darüber hinaus, dass unter den Herren, die das behaupteten, erstaunlich viele Juristen waren. Vielleicht hatten sie auch einfach nur *Die Feuerzangenbowle* mit Heinz Rühmann ein paarmal zu oft gesehen.

Ich hatte auf jeden Fall nicht den Hauch einer Ahnung, warum ausgerechnet Schule sorglos und frei von Zwängen sein soll. Schule bedeutet so vieles im Alter zwischen sechs und circa zwanzig:

Wo man hin muss.

Wohin man gehen soll, damit man mal was wird.

Der Grund für die erste Monatskarte.

Das, wovon man Ferien hat.

Später dann: das, wofür man pauken muss.

Das, worüber man abends schimpfen kann.

Ein Zeitdieb, ein Badengehenverhinderer und Werkzeug der Reaktion.

Eine Anstalt zur geistigen Uniformierung und der hilflose Versuch, durch Erstellung von Lehrplänen verschiedene Formen von Intelligenz zu suchen und zu wecken.

Letzteres erinnerte an Raumschiff Enterprise, bloß dass kein Lehrer annähernd Jean-Luc Picard war, den es sowieso noch nicht gab, denn mein Abitur fand ein Jahr vor der Erstausstrahlung von *Star Trek – Next Generation* statt. Das erklärt sicher einiges. Ich wuchs mit Captain Kirk auf, über den man viel Gutes sagen kann, jedoch wenig über seine pädagogischen Fähigkeiten.

Keinesfalls war Schule für mich jemals der Ort, an dem man seine beste Zeit verbringt. Und einen Ort, den man sich nicht ausgesucht hat, der aber angeblich darüber entscheidet, ob man künftig glücklich und erfolgreich oder Jurist wird, als »sorglos und frei von Zwängen« zu bezeichnen, ist schon eher zynisch.

Je näher nun das Schulende rückte, umso dringender war geboten, diesem Grundgefühl der kontrollierten Ablehnung mit Hilfe einer Aktion Ausdruck zu verleihen. Das Wort »Schulstreich« oder auch »Abiturstreich« ist in diesem Zusammenhang irreführend, das klingt einfach zu sehr nach Juckpulver oder Klopapier um Lehrerautos. Wir wollten nicht einfach infantile Zahnpastaschmierereien verabreichen, sondern echte subversive Täter sein, an der Grenze zum Verbrechen; mit einer Idee überraschen, die provoziert, zum Nachdenken anregt und trotzdem nicht darüber hinwegtäuscht, dass die Täter beim Aushecken des Planes deutlich mehr als drei Bier und wohl auch Batida de Coco getrunken hatten. Da allein das Trinken von Batida ein dadaistischer Akt ist, waren wir schon im Vorfeld höchst enthusiastisch. Wir, das waren Chrysipp, so zu benennen wegen seiner Neigung zum logischen Denken, und Diomedes, dessen Fechtkunst unübertroffen war und mit dem ich mir großartige Fechtduelle mit Schul-Zeigestöcken lieferte. In den Pausen perfektionierten wir im Klassenzimmer unsere Technik, auf der Planche des U-Bahnhofes »Therese-Giehse-Allee« wurde es dann ernst. Diomedes verlor fast mal ein Auge dabei, aber kein Einsatz ist zu gering für die Bildung. Tatsächlich habe ich diesen Duellen auch einiges an klassischer Bildung zu verdanken, denn wir wurden beim Sparring vom Lehrkörper beobachtet, und zum Nachsitzen in Form von »Schulbibliotheksbücher mit Schutzeinbänden versehen« verdonnert. Noch heute hält mein Schutzeinband von Gustav Schwabs *Sagen des klassischen Altertums* tadellos, und ich lese gerne darin. Ich hoffe, ich komme irgendwann mal dazu, es zurückzugeben, aber man nimmt sich ja immer so viel vor, und dann fehlt die Zeit.

Zeit, das ist das Stichwort zu unserem Plan. In unserem Pausenhof stand dank der Vorgabe, dass beim Bau einer Schule nicht nur Mörtel und Zement, sondern auch Kunst verbaut werden muss, eine Sonnenuhr, circa eineinhalb Meter hoch und ein Meter im Durchmesser. Sie war aus Fertigbeton und grau wie der gekieste Pausenhof oder eine Geografiestunde im November. Der Beschluss war, diese Sonnenuhr nachts und ganz heimlich rosa anzumalen. In einem knalligen, kräftigen

Rosa, mitten im grauen Pausenhof. Und dazu noch einen Zettel anzubringen mit der Aufschrift:

»Mach es wie die Sonnenuhr – zähl die rosa Stunden nur.«

Von heutiger Warte aus betrachtet, musste wohl doch sehr viel mehr Batida de Coco im Spiel gewesen sein, um das Ganze für eine absolut außergewöhnliche und nie dagewesene Aktion zu halten. Aber es waren ja auch andere Zeiten, und Ort des Geschehens war nicht Berlin.

Wir suchten den richtigen Tag aus, einen, an dem wir abends daheim sein würden, vor elterlichen Zeugen, um dann mit Alibi heimlich loszuziehen. Chrysipp organisierte die Farbe, Diomedes einen Pinsel, und der Text für die Aufschrift war von mir. Und dann war es so weit. Um kurz nach sechs klingelte das Telefon. Diomedes Stimme zitterte leicht vor Vorfreude:

»Heute Nacht, wir treffen uns um ein Uhr an der U-Bahn-Haltestelle.«

»Aber da geht keine U-Bahn mehr«, warf ich ein.

»Stimmt. U-Bahn wär aber sowieso zu auffällig. Wir nehmen die Fahrräder.«

»Gute Idee«, stimmte ich zu und warnte: »Aber wir sollten eine U-Bahn-Haltestelle weiter nehmen, schon wegen der Sache mit den Zeigestöcken.«

»Du hast Recht«, sagte Diomedes.

Er legte auf, um Chrysipp zu benachrichtigen, und ich stellte den Wecker auf Mitternacht, oder auf »Null-Nullhundert«, wie man bei militärisch präzisen Operationen zu sagen pflegt. Bis Nullachthundert war ich nervös, und um halb Elfhundert schlief ich ein.

Es muss was am Wecker gewesen sein, sonst war er

immer recht zuverlässig. Ich kann mich jedenfalls nicht daran erinnern, ihn wieder ausgeschaltet zu haben. Ich erwachte morgens gegen Nullsechshundert. Um kurz vor Nullsiebenhundert fiel mir ein, dass ich ja eine Verabredung mit der Anarchie gehabt hatte.

In der Schule traf ich Chrysipp und Diomedes. Die beiden hatten nicht verschlafen. Die Sonnenuhr war aber immer noch grau. Das Problem war, dass die beiden benachbarten U-Bahn-Stationen »Neuperlach Süd« und »Neuperlach Zentrum« heißen. Es gab wohl ein Missverständnis. Zwischen Nulleinhundert und halb Nullzweihundert stand Chrysipp mit einem Eimer rosa Farbe in Neuperlach Süd, Diomedes mit zwei Pinseln in Neuperlach Zentrum, und ich schlief den Schlaf des unfreiwilligen Gerechten. Und falls sich jemand bemüßigt fühlt, hier einzuwenden, man hätte ja kurz mal kommunizieren können, dem sei gesagt, dass es zu jener Zeit noch keine Handys gab, und zu Hause anrufen ging wegen des Elternalibis nicht. Eine Zwickmühle. Kein *Oceans Eleven*. Vorerst.

Nachdem wir mit den nötigen gegenseitigen Schuldzuweisungen fertig waren, beschlossen wir, einen neuen Termin zu finden.

Nun trug es sich zu, dass Chrysipp und ich einige Tage später auf einem Konzert waren, Udo Lindenberg präsentierte sein damaliges Spätwerk, das aus heutiger Sicht eher als spätes Frühwerk anzusiedeln ist.

Nach dem Konzert redeten wir mit einer Schulfreundin und ihrer Schwester, die wir getroffen hatten und aus Gründen, die noch folgen, Justizia & Justizia nennen wollen. Spontan beschlossen Chrysipp und ich, die Stimmung zu nutzen und trotz zu erwartender Proteste von Diomedes die Tat zu begehen. Ich war stolz. Verbrecher sein ist eine gute Sache, wenn die Sache eine gute ist. Wie bei Robin Hood, wenn das Geld an die Armen geht, oder wie in unserem Fall, wenn die Freude an der Obrigkeitsdemontage durch farbliche Oberflächenveränderung von geknechteten Seelen geteilt wird. Ich sah mich schon als derjenige verehrt, der dem Rektor von Nottingham eine Lektion erteilt hat. Ausgerechnet ich, wie schön, da ich mich doch sonst schon beim Schwarzfahren so fühlte, als wäre ich Jack the Ripper. Auch hinsichtlich dessen, was nach der Schule folgen sollte, wäre es sinnvoll, als Rebell ins Berufsleben einzutauchen – unangepasst, unbequem, aber gefeiert.

Wir fuhren zur Schule, und alles lief reibungslos. Chrysipp hatte die Farbe vorsichtshalber in Schulnähe deponiert, und Justizia & Justizia standen Schmiere, wachten über uns, während wir pinselten und auf ein Stück Karton unsere Botschaft kritzelten.

Ich konnte nach getaner Tat kaum schlafen, so aufgeregt war ich, was am nächsten Tag passieren würde.

Diomedes war zu Tode beleidigt. Zu Recht. Alles andere begann als voller Erfolg. Die gesamte Schule drückte sich an den Scheiben zum Pausenhof die Nasen platt. Das Rosa stand der Uhr bei Tageslicht wunderbar zu Gesicht. Sogar der Rektor verstieg sich zu dem Versprechen, sie rosa zu lassen. Ich hatte aber ein ganz anderes Problem.

Mit jedem Kurzgespräch, mit jedem freudigen Ausruf der anderen Schüler wurde mir bewusst, dass ich etwas Entscheidendes vergessen hatte. Ich wohnte nicht unter Pseudonym im Sherwood Forest, sondern ging noch zur Schule. Will heißen, ich konnte nicht laut herumerzählen, wer die Heldentat vollbracht hatte, weil ich sonst sofort von den

Schergen des Sheriffs verhaftet worden wäre. Verdammt, ich wollte doch der Held aller sein, und nicht einer von vielen in der Masse, die sagen »Toller Typ, der das gemacht hat«. Wieder eine Zwickmühle. Wenn ich mich nun verraten hätte, dann wäre das doch der Beweis, ein versagender Verbrecher zu sein. Denn wenn man ein erfolgreicher Verbrecher ist, weiß niemand, dass man einer ist. Wenn man Anonymität will, kann man auch gleich Beamter werden. Man muss sich erwischen lassen, um erfolgreich zu sein, zumindest was den Ruhm betrifft. »She wants you to steal and get caught«, hat Tom Waits gesungen.

Gegenüber einer sehr bezaubernden Klassenkameradin versuchte ich, mit Andeutungen meine Schuld und Schlechtigkeit durchscheinen zu lassen, ohne offen geständig zu sein. Bis zu dem Moment, als sie laut und für alle im Umkreis von fünfzehn Metern hörbar rief:

»Was, das warst du?«

Es war sehr still.

Chrysipp zischte mir ins Ohr:

»Bist du wahnsinnig?«

Ich verneinte beides.

Dann schauten alle im Umkreis von fünfzehn Metern wieder weg.

Resignierend dachte ich, dass die schiefe Bahn, was mich betrifft, ausreicht, um Skateboard und Ski zu fahren, aber für mehr auch nicht.

Dazu kam, dass Chrysipp als alter Logiker abwaschbare Farbe genommen hat, um juristische Konsequenzen in Form von Beschädigung öffentlichen Eigentums zu vermeiden. Und schon zur ersten Pause gegen halb Elfhundert war die Farbe abgewaschen. Auf Anordnung von oben natürlich.

Rektoren sind wie Kanzlerkandidaten oder Prince John, der böse Bruder von Richard Löwenherz. Sie versprechen dem Pöbel, was er hören will, tun so, als wären sie gute Könige, und vernichten nach der Inthronisation alles, was ihre Tyrannei untergräbt. Dann sagen alle »Schade« und haben Hunger auf das Pausenbrot. Was bleibt, ist die freundliche Art des Tyrannen vor seinen Verbrechen, so wie das, was vom Verbrecher hängenbleibt, seine Hinrichtung ist.

Ruhm ohne Tod ist abwaschbar.

Noch zu würdigen wäre der Beitrag von Justizia & Justizia. Wie sich herausstellte, hatten beide Schwestern, die Schmiere standen und uns warnen wollten, wenn jemand käme, deutlich über vier Dioptrin. Kurzsichtigkeit, wohlgemerkt. Sie hatten aus ästhetischen Gründen weder Brille noch Kontaktlinsen dabei und Chrysipp und mir das Detail, dass sie nachts ohne Sehhilfe ab fünf Metern Entfernung einen Laternenpfahl nicht mehr von einem tanzenden Kosaken unterscheiden konnten, gnädig verschwiegen.

Und diesem Umstand sei auch ihr Name Justizia geschuldet, denn die Rechtssprechung drückt immer ein Auge zu, wenn der Verbrecher anonym bleibt. Das mag tröstlich sein, aber für jemanden wie mich, der Anerkennung wollte, war es unerträglich. Ich war meinem Ziel, etwas zu werden oder zumindest eine Ahnung zu bekommen, was ich werden könnte, wieder mal keinen Schritt näher gekommen. Doch obwohl ich das Gefühl hatte, nicht mehr viel Zeit zu haben, wusste ich, die beste Zeit war sicher noch nicht vorbei, geschweige denn gekommen.

9 abiturient

Die Zeit drängte, endlich das auszuwählen, was ich mal werden sollte. Zumindest war das Vorspiel vorbei, das Abitur war geschafft – dank eines ausgeprägten Kurzzeitgedächtnisses und trotz eines herrlichen Frühsommers, der einem keine Wahl ließ und zum Besuch von Biergärten geradezu zwang.

Die Abifeier war rauschend gewesen. Und sie hat mir gezeigt, dass man auch mit scheinbar nutzlosen Verrichtungen eine Menge ausrichten kann.

Die meisten Menschen nehmen an, man kann ersthaften Sorgen nur mit ernsthaften Gegenmaßnahmen begegnen. Gerade als Kind den Eltern gegenüber meint man, vor allem mit vernünftigen Dingen Gutes tun zu können, nicht unbedingt mit Partymachen. Doch auch Feiern kann, wie hier geschehen, Gutes bewirken.

Meine Mutter hatte in der Zeit vor meinem Abitur eine klassische »schwarze Serie«. Eine Reihe von lästigen, unschönen und unglücklichen Ereignissen in relativ kurzen Intervallen. Sie war deshalb vor der Feier derart niedergeschlagen und trübsinnig gewesen, dass sie ernsthaft bezweifelte, das Leben sei auch für fröhliche Momente geschaffen und nicht nur zur Pflichterfüllung, wie sie es von meinen Großeltern gelernt hatte. Die waren sehr pflichtorientiert im Sinne des Wirtschaftswunderdenkens und des Da-muss-man-eben-durch-wir-hattens-auch-nicht-immer-leicht«. Nun kann man argumentieren, dass das (von meiner Mutter so genannte) »Nacktarschen« meiner Großeltern, also die FKK-Wochenenden in Wohnwägen, auch nicht unbedingt die reine Pflichterfüllung ist, aber man erzählt ja den Kindern oft nicht das, was man selbst lebt, sondern das, was man meint, leben zu sollen.

Als nun meine Mutter meine Freunde und mich mit nahezu ekstatischer Freude zu den Klängen von »We Are the Champions« tanzen sah, strahlten wir wohl eine derart überzeugende Freude aus, dass sie zu der Überzeugung gelangte, das Leben sei durchaus auch dafür da, zu genießen und zu feiern. Und so wie eine Gans auf den Menschen geprägt wird, den sie nach dem Schlüpfen zuerst erblickt, so war sie ab diesem Zeitpunkt eine glühende Anhängerin von Queen und Freddy Mercury. Als Freddy Mercury starb, hat sie schwarz getragen.

Ich hätte mich damals ebenfalls gerne bei Queen persönlich bedankt, aber die Vorstellung, das wirklich zu tun, empfand ich dank meines erwachsenen Alters von achtzehn doch als reichlich naiv und außerhalb des Rahmens dessen, was man vernünftig nennt. Seltsam, dass man viele wirre Vorstellungen haben kann und sie für realistisch hält, ohne dass sie je eintreten, während andere noch absurdere Wirrheiten irgendwann wahr werden.

Die Abifeier endete mit einer aus dem Lehrerdepot von mir und Chrysipp entwendeten Flasche Champagner, die wir brüderlich teilten. Wir tranken darauf, dass es manchmal in Ordnung ist, wenn ein Verbrechen anonym bleibt, solange es den Durst stillt. Und nachdem ein Billigsekt das offizielle

Festgetränk einige Stunden zuvor gewesen war, war dies eine schöne Klammer, und gleichzeitig ein Schlusspunkt, der Erwartungen für den Neubeginn weckte.

Im Nachhinein betrachtet ist das vielleicht die wichtigste Lektion meiner gesamten Schulzeit gewesen: Billigen Sekt kriegst du gestellt, Champagner musst du dir selbst organisieren.

Wohin aber jetzt? Welcher Weg war es, der Champagner, rauschende Feste und Erfüllung bereitstellen würde?

Möglichkeiten gab ja viele. Da war zum einen die kindliche Liebe zu Tieren und der Verhaltensforscherzweig. Dann gab es die Möglichkeit, generell die Wissenschaften in ein neues Zeitalter zu führen, solange nicht zu viel Mathematik und Chemie gefordert waren. Andererseits war Menschenrechtler eine schöne Sache, und Konflikte gibt es ja immer zu lösen. Auch Kunst war über die Jahre interessant geworden, zumindest seit ich in der 8. Klasse den Kunstunterricht abgelegt hatte. Rockstar durfte natürlich nicht fehlen, auch Gitarrist, ich musste nur Gitarre dafür lernen. Nachdem sich einige Liebesbriefe und Gedichte so gut gemacht hatten, dass ich mittlerweile für Freunde ghostwritete, kam auch eine Karriere als Dichter und Denker in Betracht. Und Profisport war immer noch eine Option, auch wenn ich nicht wusste, welche.

So eine Entscheidung fürs Leben darf selbstverständlich nicht über den Zaun gebrochen, sondern muss gründlich durchdacht werden. Während die Mehrheit der Abiturkollegen schon genaue Pläne in der Schublade hatte, würde ich einfach im Sommerurlaub den richtigen Weg finden. Eine Fahrradtour nach Sizilien stand auf dem Plan, und ich hatte die ideale Reiselektüre dabei: Goethes *Faust*, das Werk an sich. Eigentlich war ich im Abiturjahr schon damit konfrontiert gewesen. Knapp drei Monate lang stand *Faust* auf dem Lehrplan. Aber nach vielerlei Erfahrungen im Zusammenhang mit Gedichtinterpretationen habe ich mich der Lektüre sowie allen damit zusammenhängenden Arbeiten erfolgreich verweigert. Noch heute bin ich der Überzeugung, dass insbesondere Gedichtinterpretationen mittels Stilanalyse so sind, als würde man das Gesicht einer schönen Frau auf dem OP-Tisch sezieren, um herauszufinden, warum sie schön ist: Selbst wenn man zu einem Ergebnis gelangt, hat man die Schönheit zerstört. Natürlich hatte der dreimonatige Unterrichtsboykott eine taktische Meisterleistung erfordert, aber nun war es Zeit, die Früchte zu ernten. Was für ein herrliches Bild. Aufbruch ins Neue, Überquerung des Brenners aus eigener Kraft, und die Mutter aller klassischen Werke im Gepäck.

Gut, die Überquerung des Brenners haben ich und der Freund, mit dem ich unterwegs war, ein wenig vereinfacht, indem wir die Fahrräder per Zug zum Brenner geschickt haben, und uns – ebenfalls per Zug – hinterher. Trotzdem habe ich nach der ersten Etappe meinen ersten Kreislaufzusammenbruch erlitten. Das lag wohl an der Reisevorbereitung in Biergärten, und schloss eine Karriere als Tour-de-France-Fahrer aus. Im Nachhinein eine gute Entscheidung, ich glaube nämlich, ich vertrage kein Epo.

Mit letzter Kraft erreichten wir nach drei Tagen den Gardasee, ungefähr zu dem Zeitpunkt, als Faust den Pakt mit Mephisto schließt. Ich war entsetzt über meinen körperlichen Verfall.

Schließlich war ich einige Jahre zuvor, mit vierzehn, mit meinem besten Freund, dem angehenden Philosophen, schon einmal über den Brenner geradelt, damals sogar ohne Bahn! Unsere eigentliche Absicht war gewesen, Afrika von

Nord nach Süd zu durchqueren, aber dieser Plan scheiterte, weil unsere Eltern zwar ausnahmsweise einer Fahrt nach Italien zustimmten, einer Afrikadurchquerung aber nicht. Zum anderen war Mauretanien laut Reiseführern vom Bürgerkrieg noch vermint und eine Durchquerung mit dem Fahrrad somit unmöglich. Wir verschoben die Expedition also auf unsere Volljährigkeit und setzten als Zwischenziel die Toskana fest.

Zwei Tage nach Aufbruch vom erradelten Brenner kamen wir damals am frühen Abend am Gardasee an. Da wir weder ein Zelt noch Isomatten noch Geld hatten, nur unsere Schlafsäcke, suchten wir wie jeden Abend einen halbwegs ebenerdigen Schlafplatz, der nicht allzu leicht einzusehen war. Mein bester Freund wurde fündig am Rande eines Weinberges, an dem schon Trauben zu erkennen waren. Ich war nicht überzeugt. Mehrfach mahnte ich, dass in Italien viel zu viele Bauern Flinten besaßen und nicht gut auf Fruchtdiebe und Landstreicher zu sprechen waren. Und wir sahen landstreichenden Fruchtdieben täuschend ähnlich, vor allem bei Dämmerung. Mein bester Freund erklärte, das sei wie Schwarzfahren, also nichts wirklich Schlimmes, und ich versuchte so zu tun, als wäre ich ein versierter Schwarzfahrer und trotzdem nicht überzeugt. Nach einer halben Stunde angeregter Diskussion mit heftigen Beschimpfungen brachen wir voneinander entnervt schließlich auf, um ein besseres Lager zu finden. Ein bis zwei Plätze machten auch einen ganz guten Eindruck, doch nachdem wir einmal auf den Geschmack gekommen waren, an allem rumzumäkeln und wenn schon einen Platz, dann den idealen Platz zu finden, waren wir uns zwar immer noch grundsätzlich uneinig, aber wenigstens darin beieinander, so lange zu suchen, bis das optimale Lager gefunden war. So wie ich Jahre später an gleicher Stelle den idealen Berufsweg finden und nicht das Erstbeste ängstlich beim Schopfe packen wollte.

Unsere Diskussionen um infrage kommende Schlafplätze liefen immer gleich ab:

»Hier könnte es doch gehen«, sagte einer von uns.

Darauf der andere:

»Hier ist es aber …« (Hier kann man beliebige Begriffe einsetzen wie »zu uneben«, »zu laut«, »nicht bequem«, »schon morgens gleich total sonnig«, »voll schattig« usw.)

Das wurde dann wieder diskutiert, bis einer von uns sagte:

»Da war es am Weinberg aber besser.«

Daraufhin fuhren wir wortlos weiter.

Dummerweise kommt entlang des Gardasees irgendwann eine sehr lange Strecke, an der sich auf der einen Seite der Straße Berg und Fels und entlang der anderen Seite Häuser oder ebenfalls Fels (im Sinne von: steiler Fels) befinden. Es gibt nicht nur keine Wiesen und keine sanften Moosmatten unter lauschigen Bäumen, sondern auch keine Weinbergsränder, nicht mal gepflügte Äcker. Wir begannen langsam, aber stetig, mit jedem auch nur annähernd benutzbaren Liegeplatz unsere Ansprüche Stück für Stück herunter zu schrauben.

Mittlerweile war es dunkel geworden und damit auch immer schwieriger, überhaupt mögliche Stellen zu entdecken. Außerdem galt es zunehmend, Tunnel zu durchqueren, und bei Dunkelheit mit dem schlechtbeleuchteten Fahrrad Lastwägen im Tunnel den Platz streitig zu machen ist sehr anstrengend.

Um elf Uhr abends, erschöpft, entnervt und völlig leer, haben wir uns am Rande eines Lkw-Parkplatzes, der größtenteils aus staubiger Erde, gröberen Steinen und sporadischem Kies bestand, niedergelassen. Geschlafen haben wir nur aus

Erschöpfung, denn der Parkplatz lag am Ausgang eines Tunnels, was sehr gut ist für die Akustik.

Wir erwachten sehr früh und vielleicht noch ein bisschen erschöpfter, als wir eingeschlafen waren. Zu unserem Erstaunen und Entsetzen waren unsere Essenstüten, in denen ein wenig Schinken, Käse und Brot für das Frühstück war, eindeutig angefressen. Das Entsetzen kam übrigens vor allem daher, dass wir unsere Essenstüten auch als Kopfkissen benutzt hatten.

Bei der Suche nach einem ungestörten Ort für die Morgentoilette – in diesem Fall ist damit eigentlich nur Toilette gemeint – stellten wir dann fest, dass sich neben unserem Schlaflager eine kleine Schlucht mit Tunnel unter der Straße durch zum See hin befand, die von Lkw-Fahrern, aber vielleicht auch von Einheimischen als private Mülldeponie genutzt wurde. Nicht zu unserer, aber sehr zur Freude der Ratten, die sich fröhlich zeigten und ganz ohne Scheu im Müll spielten, als wollten sie sagen:

»Wir hätten eure Essenstüten gar nicht gebraucht, aber nachdem sie schon mal da rumlagen, wollten wir nicht unhöflich sein.«

Was nun allerdings folgte, liegt teilweise außerhalb menschlicher Vorstellungskraft und beschäftigt mich bis heute. Viele kennen sicher das Phänomen, dass man morgens nach dem Aufwachen körperlich absolut unübersehbar erregt ist. Dieses Phänomen kann selbstverständlich auch an Orten auftreten, die nicht zu sexueller Erregung passen, zum Beispiel in der U-Bahn, im Bus, in Meetings oder in Geografiestunden im November. Dagegen gibt es nur wenige Mittel; das einzig wirklich todsichere ist das, was in der Bibel Onan zum Sünder machte: kontrollierte Selbstbefriedigung.

Ganz ehrlich, ich hätte nie, aber auch wirklich nie gedacht, dass Trieb und Erregung so dermaßen unabhängig von äußeren Bedingungen sein können!

Vielleicht war es ja auch eine Übersprungshandlung, vielleicht sind die Ekel- und Abscheusicherungen vor Überlastung durchgebrannt. Vielleicht war nur der Trieb stark genug, sich über die Realität hinwegzusetzen und in eine bessere Welt zu fliehen, in der all das nicht existierte. Gibt es gar Anlass zur Hoffnung, dass selbst am hässlichsten und grausigsten Ort noch eine zarte Blume blühen kann? Wenn dem so ist, so bleibt trotzdem unterm Strich die mir damals unbegreifliche Tatsache, dass ich mir am beschissensten Ort der Welt einen runtergeholt habe.

Mein bester Freund verarscht mich bis heute damit.

Als ich nun zum zweiten Mal mit dem Fahrrad an den Gardasee kam, auf Berufssuche, genoss ich zum einen den Campingplatz, das Zelt und die Isomatte. Fühlte aber gleichzeitig den Atem des Schicksals. Was wollte mir diese Erinnerung an mein früheres Abenteuer sagen? Wenn man nach Perfektion sucht, landet man im Dreck? Soll man genügsam sein, weil auch berufliche Befriedigung an vielen Orten möglich ist?

Oder ist die Wahrheit, wie in *Faust* zu lesen, dass Trieb der Antrieb allen Handelns ist? Obwohl der Faust »ach! Philosophie, Juristerei und Medizin, und leider! auch Theologie durchaus studiert« hat, nutzt er die Macht, die ihm der Pakt mit dem Teufel verliehen hat, vor allem dazu, Gretchen rumzukriegen.

Das, so schwante mir, ist wohl des Pudels Kern. Nicht der Weg ist entscheidend, sondern die Frau. Ich sollte also eine Frau finden, dann würde sich der Rest schon ergeben. Aber welche Art Frau? Eine Weinbergfrau oder eine perfekte Frau? Frauen sind nicht wie Wege oder Lagerstätten, überlegte ich und beschloss, die perfekte Frau zu finden und über die Sache mit dem Beruf noch einmal nachzudenken.

Zeit dazu war noch, denn während ich im *Faust* schwelgte, erinnerte mich mein Freund, der als Lektüre einen Ratgeber zur erfolgreich bestandenen Gewissensprüfung für Wehrdienstverweigerer im Gepäck hatte, dass ja noch knapp zwei Jahre Zivildienst zwischen mir und dem Eintritt ins Berufsleben lagen. Oder zwischen mir und der Universität, die aber auch eine Art Beruf darstellt. Dachte ich jedenfalls damals.

Mit der Verweigerung wollte ich mich nach dem Abi-Urlaub befassen, fest stand momentan nur:

Kriegsdienst war für einen potenziellen Menschenrechtler und ehemaligen Pazifismus-Aktivisten wie mich keine Alternative. Das käme nämlich einem Pakt mit dem Teufel gleich.

10 soldat

Nachts um halb drei bei strömendem Regen und Sturmböen Motorrad zu fahren, ist sicher generell keine gute Idee. Vor allem im hügeligen Bereich zwischen Stuttgart und Ulm auf der A8. Jedes Mal, wenn ich einen Lkw überholen wollte, fühlte es sich an, als würde ich für dreißig Sekunden in eine Waschanlage eintauchen. Blindflug, ohne Instrumente. Spritzwasser, das jegliche Sicht unmöglich machte, und rechts neben mir laute Geräusche, die sogar den Gewitterregen übertönten. Ich war seit zwölf Stunden im Regen unterwegs. Als ich um halb vier ins Bett fiel, war ich Gemüse und habe am folgenden Morgen um eine ganze Stunde verschlafen.

Der Hauptmann hat mich wegen dieses Verschlafens und sichtbarer Bartstoppeln in Tateinheit mit Unrasiertheit zu einer Woche Frühanwesenheit verdonnert. Das bedeutete, um sechs Uhr morgens da zu sein, anstatt um zwanzig vor acht. Dem Major wäre das Ganze völlig egal gewesen, aber der war in Urlaub. Also versuchte ich, mittags beim Weißbier den Spieß davon zu überzeugen, dass dieses Strafmaß doch ein wenig drakonisch sei, aber er hatte keine Lust, sich mit den Vorstellungen des Hauptmanns von preußischer Disziplin auseinanderzusetzen. Nicht zum ersten Mal zog ich mehr als ernsthaft in Zweifel, dass die Entscheidung, sich für zwei Jahre bei der Bundeswehr zu verpflichten, richtig gewesen war. Mal ganz abgesehen von der Entscheidung, überhaupt zum Bund zu gehen und nicht zu verweigern.

Der Großteil meiner Freunde *hatte* verweigert und genoss das süße Leben als Rettungssanitäter. Nicht nur, dass sie sich mehrfach abends beim gemeinsamen Bier zur Freude aller Infusionen legten, um »zu üben«, auch die Geschichten, die sie erzählten, waren um so vieles spektakulärer als meine. Gerettete Leben, fürchterliche Unfälle, und mit Blaulicht über Ampeln fahren. Da ging es um Leben und Tod, statt um Weißbier und Rasur zur Sicherung der westlichen Welt gegen einen immer friedlicher vor sich hinbröselnden Ostblock. Und Afghanistan kannte man damals nur vom Kiffen.

Meine Zivi-Freunde sind mit dem Sanka direkt vor die Olympiahalle gefahren und dann im Kittel in ein ZZ-Top-Konzert marschiert. Natürlich für lau, weil sie dem Mann am Eingang klargemacht haben, was ihm blühen würde, wenn dem ihnen anvertrauten und von ihnen erfundenen Rollstuhlfahrer auch nur das Geringste passiert. Das Ganze haben sie dann hinterher mit Bier von der Tankstelle gefeiert, welches sie selbstredend mit Blaulicht geholt hatten. Kein Wunder, dass ich mittlerweile bei zwei bis drei Mittagsweißbieren angelangt war.

Wie war es eigentlich möglich, dass ich, ausgerechnet ich, der Anti-Establishmentierteste von allen, da gelandet war?

Ich weiß es nicht.

Seine Ideale verraten ist nicht etwas, wofür man sich Zeit nimmt. Nichts, wofür man sich einen Tee macht, auf einen Balkon setzt, tief durchatmet und dann sagt:

»Ich hab's, jetzt scheiß ich einfach mal auf alles, was ich

bisher gesagt und getan habe, und mach was ganz anderes, etwas, wofür ich mich immer verachtet hätte.«

Nein, so was geht ganz anders vor sich. Eine gewisse Übung darin, Ideale als etwas Fluktuierendes zu betrachten, ist Voraussetzung. Dann natürlich eine Prise Lethargie, Wegsehen und last but not least: Argumente. Die sind auch deshalb wichtig, weil im Gegensatz zum »ersten Mal« – sofern die Frau Stillschweigen bewahrt oder im Ausland wohnt und niemanden aus dem Freundeskreis kennt – vierundzwanzig Monate Wehrdienst einfach öffentlicher sind.

Es war nämlich so, dass über Verbindungen, die mein Vater hatte, die Möglichkeit im Raum stand, in Sardinien stationiert zu werden, mit Italienern, Amerikanern und Deutschen, was bedeutet hätte: Ich könnte in Italien leben, mein Englisch pflegen und dabei noch mein Pizzeria-Italienisch vertiefen.

Sicher, das hat jetzt alles nichts mit grundsätzlichen moralischen Werten zu tun, aber Italien ist wirklich sehr schön. Und Sprachen lernen ist ein hehres Ziel, ein vielleicht erwachsener Impuls auf Kosten von vielleicht doch eher jugendlichen Friedensidealen. Man muss auch erwähnen, dass der »normale« Wehrdienst schon fünfzehn Monate dauerte, der Zivildienst hingegen sogar achtzehn. Dazu kam, dass die Bedrohung durch den Russen dank Gorbatschow täglich abnahm, und somit akut kein Feind zu erwarten war. Bundeswehreinsätze im Ausland waren undenkbar, also war der Wehrdienst mehr platonisch als kriegerisch, eher wie Schattenboxen. Sogar ohne Sandsack. Irgendwie schon, oder?

Man merkt wohl laut und deutlich, dass ich mich immer noch frage, welcher Teufel mich damals sediert hat, anstatt mich zumindest zu reiten oder wenigstens zu satteln.

In Sardinien bin ich jedenfalls bis heute nicht gewesen, der Wehrdienst fand weniger als zehn Kilometer von zu Hause entfernt statt. Denn anstatt zur Luftwaffe wurde ich zum Heer befohlen, zu den Sanitätern. Das hatte den Vorteil – neben der häuslichen Nähe der Kaserne –, humanitär zu klingen. Sanitäterausbildung ist schließlich Sanitäterausbildung, ob zivil oder unter Weißbier – ist doch fast das Gleiche. Nicht direkt Dienst an der Waffe, sondern an der Mullbinde, bla bla bla.

Aber es ist egal, was man auch immer macht, irgendwann ist man mürbe genug, um trotzdem zu versuchen, einigermaßen gut darin zu sein. Nachdem in der Grundausbildung klargemacht wurde, dass der Abiturient beim Bund der Klumpfuß unter den Hundertmeterläufern ist, begann ich, mich mit den Sitten und Gebräuchen des Heeres vertraut zu machen. Und wie in der Schule ging es hier nicht um Anerkennung durch die Obrigkeit, sondern durch die Leidensgenossen.

Die unter den Mitsoldaten wichtigste und angesehenste Tätigkeit, noch vor dem Weißbierverzehr, war das sogenannte »Seilen«. Das wiederum ist die Kurzform von »Abseilen« und beschreibt die Kunst, sich so weit wie nur möglich von Ereignissen und Tätigkeiten jeglicher Art fernzuhalten. Da ich schon immer gefühlte Sinnlosigkeit mit Immunschwäche verbinden konnte, war ich also den Großteil der Grundausbildung über mit Grippe geschlagen. Der damit verbundene »Innendienst«, also der Verzicht auf Freilandspiele mit echten Waffen und Gasmasken, brachte mir neben viel Anerkennung auch einen Spind mit bestimmt acht Schachteln nicht benutzter Antibiotika ein und dazu eine unter den Kollegen viel beachtete Erfindung hervor: Das Blocker-Curling.

Ein Blocker ist ein sehr schweres Stück Metall mit einer

Teppichunterseite an einem Stiel, das benutzt wird, um gewachsten Linoleumboden zu polieren. Da Innendienst immer mit Putzen verbunden ist, habe ich in den Mußestunden des Bodenpolierens mit einem anderen erkältungsgeschwächten Rekruten festgestellt, dass man durch Verwendung eines zweiten Blockers die Geschwindigkeit eines kräftig geschubsten Blockers beschleunigen kann. Das wiederum heißt, sobald man zu viert ist, kann man herausfinden, welches Team den Blocker aus einer bestimmten Entfernung näher an die Wand schubsen kann. Einer schubst, einer schrubbelt vor dem geschubsten Blocker. Wie beim Curling. Zum Glück gab es immer einige Erkältete im Spätherbst. Und man kann Blocker-Curling sogar um Geld spielen.

Unter Umständen waren es die gewonnenen Reichtümer, die mich so anfällig dafür machten, dem Mammon auch weiterhin meine Moralvorstellungen zu opfern. Jedenfalls gab es für neun Monate Wehrdienstmehrdienst tausend Mark mehr im Monat. Dreizehnhundert statt dreihundert. Vielleicht hätte ich auch mal was von den Antibiotika nehmen sollen, aber die traurige Wahrheit bleibt, ich verpflichtete mich für zwei Jahre.

Allerdings nicht um Karriere zu machen, also eine Offizierslaufbahn einzuschlagen (dabei hätte dann das Abitur wiederum geholfen). Ich habe meine Restwürde dazu benutzt, wenigstens ein Zeichen dafür zu setzen, dass ich zwar käuflich bin, aber nur innerhalb der Grenzen der allgemeinen Anerkennung. Als Z2, was so viel bedeutet wie »Seele für zwei Jahre verkauft, ohne Gretchen« und »Zettler« ausgesprochen wird, musste ich eine zusätzliche Ausbildung machen und habe mich für den Stabsdienst entschieden. Eine zweijährige Tätigkeit als Mannschaftsdienstgrad.

Man muss sich das wie bei einem großen Unternehmen vorstellen. Da gibt es die Angestellten, das sind die Wehrpflichtigen, und die sind froh, wenn der Tag rum ist. Dann gibt es die Abteilungsleiter, das sind die Unteroffiziere, die hauptsächlich damit beschäftigt sind, den Angestellten zu zeigen, warum sie nur Angestellte sind. Schließlich die Hauptabteilungsleiter oder Manager, das sind die Offiziere, die je nach Persönlichkeitsstruktur entweder einfach dekorativ vorhanden sind oder unbedingt aufsteigen wollen. Und zu guter Letzt der Vorstand, das sind die Generäle, also diejenigen, die mit dem Hubschrauber Zigaretten holen gehen. Meine Funktion, Mannschaftsdienstgrad Z2, entspricht in diesem Bild in etwa dem Pförtner.

Oder der Sekretärin. Das hat große Vorteile. Erstens, obwohl so gut wie jeder theoretisch mehr zu sagen hat als sie, versucht trotzdem jeder, sich das Wohlwollen der Sekretärin zu sichern. Weil jeder mal was von ihr braucht. So ist es auch bei der Bundeswehr. Niemand, der nicht versehentlich schwer am Kopf verwundet wurde, legt sich ernsthaft mit einem Geschäftszimmersoldaten an. Bürokratie ist eine Waffe, die so scharf schießt, dass sie jeder Soldat ernst nimmt. Das dahinterliegende Prinzip heißt:

Lieber der König der Ärsche als der Arsch unter den Königen.

Der andere Vorteil betrifft das erwähnte »Seilen«. Stabsdienstsoldaten, also Sekretärinnensoldaten, stehen im Ruf, die faulsten Säcke überhaupt, aber zugleich mit genug Schlaufaulheit ausgestattet zu sein, um es in den Bürodienst geschafft zu haben. Das bringt zumindest rudimentäre Anerkennung seitens der Kollegen. Als zweitfaulste Kategorie galt damals übrigens der Sanitätssoldat – wie gesagt, ins Ausland fuhr man damals im Urlaub und nicht in den Einsatz. Ich war also mit der Doppelausbildung Sanitäts- und Stabsdienstsoldat so etwas wie der Maharadscha unter den Seilern, sogar als Zettler.

Aber um keine falschen Vorstellungen aufkommen zu lassen: Nein, so was macht nicht glücklich, lässt einen keinerlei Gefühl von Erfüllung spüren, und das Herz klopft nur, wenn man beim Schreibtischschlaf durch Gebrüll geweckt wird. Es handelt sich schlichterdings um den extrem armseligen Versuch, aus einer armseligen Situation, in die man aufgrund der eigenen armseligen Rückgratlosigkeit geraten ist, einen armseligen Erfolg zu basteln.

Der normale Tagesablauf sah fast zwei Jahre lang so aus:

– 07.15 Uhr. Wecker.

– Aufstehen, rote Spiegeleiaugen (Weißbier!) im Spiegel besehen, rasieren (oder nicht).

– In die Kaserne fahren.

– 07.40 Uhr. Schreibtisch bemannen. Zigarette anzünden (selbstständig weiterrauchen bis Dienstschluss).

– Einen halbstündigen Parteienverkehr überstehen.

– Auf dem Schreibtisch schlafen, Türen zu!

– Türen auf, Radio hören. Zeitung lesen.

– Mit feuchten Papiertaschentüchern das Hemd von den Salzrändern der Schweißflecken befreien (damals war eine Kaserne ausschließlich von Männern bevölkert).

– Post holen, leise, aber vernehmlich über Arbeitsaufwand klagen.

– Radio hören.

– Vom Spieß (primus inter pares, der Abteilungsleiter, auch »Mutter der Kompanie« genannt, wegen der Möglichkeit, Traumata zu verursachen) Kartenspieltipps zum Schafkopfen einholen, weil das seine Laune bessert und das wiederum früheren Dienstschluss ermöglicht.

– Radio hören.

– 12.00 Uhr. Mittagessen in der Kantine, dazu Weißbier.

– Zurück in den kompanieeigenen Ruheraum, weiteres oder weitere Weißbier/e, je nach Laune der Anwesenden, dazu fremden Erinnerungen lauschen, von der Zeit, als man sich noch bei Manövern mit Franzosen und Engländern prügeln konnte.

– Ab 13.30, 13.45 oder 14.00 Uhr, je nach Weißbieranzahl: Parteienverkehr, kurz.

– Weit über die erlaubte Länge gewachsene Haare (»wer hat die längsten?!«) mit Wasser anklatschen.

– Radio hören.

– Überlegen, welche Art Freiheit einen nach der Bundeswehr erwartet.

– Ausrechnen, wie lange es bis dahin noch ist.

– Sinnieren, ob es Freiheit eigentlich gibt.

– Onanieren (optional, tröstlich: ohne Ratten).

– Sinnieren, ob Freiheit immer die Freiheit des Etwasanderes-Arbeitenden ist.

– Radio hören, dazu Schriftverkehr erledigen, dazu deutlich vernehmbar über Arbeitsaufwand klagen.

– Letzte Schafkopffrage, Anfrage nach früherem Dienstschluss.

– 16.50 Uhr. Dienstschluss.

– 17.00 Uhr. Offizieller Dienstschluss.

– Im Anschluss freie Gestaltung der Freizeit, Weißbier, danach sich kurzzeitig fühlen wie der Rebell unter den Seelenverkäufern.

So weit die Fakten. Der deutsche Physiknobelpreisträger Gerd Binnig hat seine Zeit bei der Bundeswehr mal als das unkreativste Erlebnis beschrieben, das er je hatte. Antikreativität sozusagen. Obschon ich keine Ahnung von Rastertunnelmikroskopen habe, muss ich dem beipflichten.

Falls das nun so klingt, als würde bei der Bundeswehr viel getrunken oder als wäre viel getrunken worden, dann kann ich das natürlich nur aus meiner Perspektive beurteilen, und aus dieser ist »trinken« vielleicht das falsche Wort. Das Wort »saufen« trifft es besser.

Und das hat Folgen.

Es war auf einer improvisierten Feier im Keller des Elternhauses eines Freundes. Alle außer mir waren Zivis, teilweise in weiblicher Begleitung, was erklären könnte, warum sie langsamer tranken. Irgendwann war ich so stramm, dass ich mich während der Feier auf ein am Rande platziertes Sofa legte und in einen schlafartigen Zustand hinüberdiffundierte. Die anderen tranken weiter und irgendwann, kurz bevor sie meinen Zustand erreichten, kam ihnen eine Idee für einen kleinen praktischen Scherz. Sie waren sich sicher, dass ich wegen der genossenen Biermenge irgendwann nächtens auf die Toilette gehen würde. Sie waren sich weiterhin sicher, ich würde nicht fit sein. Und es würde dunkel sein und – da der Lichtschalter weit entfernt war – auch bleiben. Ihr perfider Plan war nun folgender: Sie beschlossen, mir Senf von den zuvor gegessenen Würstchen auf die Brille zu schmieren, damit ich meine Umgebung nur undeutlich erkenne. Dann wollten sie mir eines der übrig gebliebenen Würstchen in die Hose stecken. Vor ihrem angeschlagenen geistigen Auge sahen sie mich nun halbblind zur Toilette wanken, den Reißverschluss öffnen, statt des dafür vorgesehenen Körperteils das Würstchen in die Hand nehmen und mir in die Hose machen, ohne zu verstehen warum.

Der Plan funktionierte bis einschließlich des Beschmierens der Brille, das ich nicht bemerkte; als ich nachts tatsächlich auf die Toilette musste, habe ich zehn Minuten gebraucht, um zu kapieren, dass nicht mein Auge trüb war, sondern das Glas davor. Angetrockneter Senf hält übrigens gut auf Brillengläsern, ich habe noch tagelang kleine Reste gefunden.

Aber das Würstchen in meine Hose zu bekommen, klappte nicht. Denn so betrunken ich auch war, alte evolutionäre Instinkte weckten mich, als ich jemand an meinem Hosenstall herumfummeln fühlte. Ganz entgegen den evolutionären Instinkten jedoch wischte ich die Hand weg, die sich da zu schaffen machte. Allerdings hörte und hörte es nicht auf. Ich wurde wacher, ohne mich dazu bewegen zu können, die Augen zu öffnen. Ich hörte jemand kichern, und immer wieder fingerte jemand an meiner Hose rum. Nach vielfachem Händewegwischen beschloss ich endlich, ein Zeichen zu setzen. Dem Nächsten, der mich betatschte, würde ich mit letzter Kraft so richtig eine scheuern. Ich lag mit dem Gesicht zur Sofalehne, wusste also nicht, wen es treffen würde, dem Gekicher nach einen der Herren Schelme. Was ich nicht mitbekommen hatte, war, dass die Freundin von einem der Kumpel nach langem Zusehen bei der Fummelfolter genug Mut gefasst hatte, um es auch mal zu versuchen.

Ich platzierte inzwischen meinen Arm für eine schwungvolle Rückhand. Die besagte Freundin schritt schließlich, angefeuert von den anderen, mutig zur Tat und hatte gerade in der einen Hand das Würstchen und die andere an meinem Hosenstall, als ich grunzend den Arm schwang wie ein Diskuswerfer im Ring.

Und traf.

Sie wurde zwei Meter in Richtung der eigentlichen Missetäter in die Chipstüten geschleudert. Alle waren fassungslos. Man ließ von mir ab. Sie hatte am nächsten Tag einen blauen Fleck auf der Backe, der Rest einen Kater. Das war glücklicherweise das einzige Mal in meinem Leben, dass ich eine Frau geschlagen habe.

Alkohol ist keine Lösung, sagt man gerne oberlehrerhaft, was völliger Unsinn ist, denn kein Mensch hält beispielsweise Weißbier für eine Lösung, außer vielleicht Brauereibesitzer. Man trinkt ja gerade, weil man *keine* Lösung findet und die Zeit bis zu einer solchen »erträglicher« im Sinne von »unbewusster« erleben will. Wie Kinder, die die Augen zumachen, damit sie das Monster nicht sehen. Bloß wenn man die Augen zu hat, kann man auch leichter auf die Fresse fallen. Was dann bleibt, ist ein dunkler Fleck, der im Gegensatz zu blauen Flecken ein Leben lang wehtut, wenn man fest draufdrückt.

Immerhin *eine* sinnvolle Anschaffung hat mir das zusätzliche Geld aus der wehrhaften Verpflichtung ermöglicht: den Führerschein, insbesondere den Motorradführerschein. Ich hätte ihn natürlich auch später machen können, aber man muss sich auch mal an tröstlichen Gedanken festhalten dürfen. So konnte ich die eine oder andere unbeschwerte Stunde hinter dem Lenker eines Motorrads verbringen. Auch die eine oder andere beschwertere Stunde. Denn wie erwähnt hatte ich ja wegen des Motorradfahrens verschlafen und dafür eine Woche Frühnachsitzen aufgebrummt bekommen.

Was nun bringt einen dazu, nachts um drei im Regen freiwillig Motorrad zu fahren? Weißbier? Fahnenflucht? Pflichtbewusstsein? Nein. Frauen.

Eine Freundin, der ich mehr als zugeneigt war, war für ein Jahr nach Frankreich gegangen, um dort zu arbeiten, und ich hatte ihre letzte Woche in deutschen Landen dazu genutzt, mich in sie zu verlieben. Kluges Timing war noch nie so ganz meine Sache. Also beschloss ich, dass es noch besser, als sie hier zu verabschieden, wäre, wenn ich sie in Paris am Bahnhof empfangen würde. So fuhr ich still und heimlich dorthin. Die Überraschung war eine sehr gelungene. Wir haben drei Stunden in einem Pariser Straßencafé gesessen, unbeschwert und hochromantisch. Dann musste ich fahren. Eine Stunde nach Abfahrt begann der Regen, ab dem frühen Abend kamen Gewitter hinzu. Natürlich fühlte ich mich mit jeder Stunde verregneter Beschwernis heldenhafter. Ich glaube, das war eine der Aktionen, die mich in all der Ödnis wieder daran erinnert haben, wer ich bin. Wenn man seine Seele verkauft hat, hilft es einem, wenn man sie auch mal verschenkt. Mit der Freundin, die ich besucht hatte, habe ich mich später verlobt. Rein platonisch allerdings. Für Verlobung kriegte man damals einen Tag Sonderurlaub. So etwas lernt man als Stabsdienstsoldat. Leider lernt man nicht, wie man echte Beziehungen eingeht, diese drei Stunden in Paris waren alles, was wir hatten. Der große Casablanca-Satz »Uns bleibt immer noch Paris« erinnert mich also eher daran, mich morgens zu rasieren.

Was die Verschlafstrafe betraf (eine Woche jeden Tag um sechs Uhr morgens antreten), so wusste ich, dass dem strafenden Hauptmann, was ihn selbst betraf, Schönheitsschlaf vor preußischer Disziplin ging und er nie vor Punkt halb acht Uhr morgens da war. Er kontrollierte also nicht persönlich, ich hatte mich deshalb um Punkt sechs Uhr bei der Wache am Tor zum Betreten der Kaserne zu melden. Als Sekretärin kannte ich aber absolut jeden, der Wache hatte, und die Wachhabenden haben mich kollegial eine Woche lang um sechs Uhr als anwesend gemeldet und um kurz vor halb acht begrüßt.

Kleine Orte, kleine Siege. Doch jede Nachtfahrt geht einmal vorüber. Was man aus all dem lernen kann, habe ich mich oft gefragt und nie eine Antwort gefunden. Aus eigener Dummheit kann man eben nicht schlau werden, man kann sie nur aussitzen. Darauf ein Weißbier.

11 wildhüter

Das Wichtigste nach zwei Jahren Gefängnis ist die Freiheit, und die findet man bekanntlich nicht zu Hause. Das dachte ich zumindest, und deshalb war es Zeit, Europa vorübergehend Lebewohl zu sagen und in der Ferne neue Erfahrungen zu machen.

So stand ich nun am Autobahndreieck Katherine, Nordaustralien, wo Stuart Highway und Victoria Highway aufeinandertreffen, um von dort nach Darwin an der Nordküste zu trampen. Ich hatte drei australische Dollar in der Tasche, wovon ich zwei Dollar für eine Schachtel Zigaretten ausgab, aus Gründen der Camel-Mann-Coolness (darf man eigentlich mittlerweile über das Rauchen noch verklärend schreiben?), so dass noch ein Dollar übrig blieb. Eine runde Summe.

Es gibt ja Momente, in denen ist man sich bewusst, gerade inmitten einer Geschichte zu sein, in der man der Hauptdarsteller ist, aber man kann sich trotzdem dabei zusehen. Das war so ein Moment, und ich habe ihn innerlich fotografiert. Die Tankstelle auf der anderen Straßenseite, der Highway, in beide Richtungen bis zum Horizont geradeaus, und ich mit Rucksack und einem Dollar in der Tasche mittendrin.

Am anderen Ende der Welt, allein und ohne Geld. Abenteuer ohne Netz. Getreu dem durch Janis Joplin groß gewordenen Satz von Kris Kristofferson, dass Freiheit nur ein anderes Wort dafür sei, nichts zu verlieren zu haben. Wenn ich nicht allein gewesen wäre, hätte ich jedem, den ich traf, sofort erzählt, wo und wie ich gerade stehe, auch wenn das für denjenigen eine Information gewesen wäre, die er in dem Fall schon gehabt hätte.

Der Kumpel, mit dem ich unterwegs war, hatte schon den Flieger nach Indonesien genommen, denn der Plan war, nach Australien gemeinsam Südostasien zu bereisen. Allein meine Barmittel waren ausgegangen und meine Bettelanrufe bei den Eltern gescheitert, da beide gerade kein Geld hatten. Aber ich hatte bei meinem ersten Aufenthalt in Darwin drei Wochen vorher gute Kontakte zu einer Jugendherberge geknüpft und war zuversichtlich, dort arbeiten zu können.

So war es auch, ich wurde als Assistent engagiert und bekam dazu das sensationelle Angebot, eine Zweigstelle der Jugendherberge im Kakadu Nationalpark zu übernehmen, einem der spektakulärsten Flecken der Erde. Zur Einweisung durch meinen kurz vor der freiwilligen Pensionierung stehenden Vorgänger sollte ich gleich zwei Tage später für eine Woche hinfahren. Ich als Jugendherbergsvater in Nordaustralien!

Als ich dort ankam, wusste ich, das ist der Jackpot. Ein Holzhaus auf Stelzen mit einer Veranda (mit Schaukelstuhl!!!) mitten im Naturschutzgebiet, weitab des Touristencenters, neben einem Billabong, also einem Wasserloch, quasi wie ein Teich, von einem Flüsschen durchzogen. Zur Trockenzeit wohlgemerkt, zur Regenzeit war die gesamte Umgebung ein kilometerweiter See, aus dem ein Haus auf Stelzen ragt. Aber die Regenzeit ging gerade ihrem Ende entgegen.

Ich sah es vor mir bis ins kleinste Detail:

Die Sonne versinkt langsam zwischen den Bäumen. Wie

jeden Abend zur Dämmerung verdunkeln die Fledermäuse den Himmel, die Papageien schreien. Der Crocodile Dundee unter den jungen Herbergsvätern sitzt nach einem langen Tag auf seinem Schaukelstuhl. Nachdem er die verweichlichten Zivilisationslullen rau, aber mit einem Zwinkern geweckt hat, ist er mit ihnen in den Busch aufgebrochen, um ihnen die bis zu sechs Meter langen tödlichen Leistenkrokodile, Giftschlangen und Spinnen, aber auch Papageien, Pelikane und Kängurus zu zeigen. Er lehrt sie den ein oder anderen Aborigine-Trick zum Überleben in der Wildnis, dann ruft die Herbergspflicht, Fleisch und Kaltgetränke werden eingekauft, das Holz ausgebessert und diverse Wildhütereien durchgeführt, bevor er sich zur Tierbeobachtung allein und unbewaffnet in den Busch zurückzieht. Denn Verhaltensforschung und Zoologie sind Dinge, die ihn seit seiner Kindheit interessieren. Spätnachmittags wird unter seiner gütig gestrengen Anleitung gegrillt, natürlich vorsichtig, um Buschfeuer zu vermeiden. Nach dem Essen versorgt er die Blasen an den Füßen der erschöpften ehemaligen Internatsmädchen mit Wildkräuterumschlägen, seine rauen Hände gehen zart zu Werke. Dann setzt er sich in seinen Schaukelstuhl und trinkt ein kaltes Foster's Bier. Wenn er gut gestimmt ist, erzählt er vielleicht noch aus dem Jugendherbergsvaterleben, bevor die letzte Kerze erlischt. Und die hübschesten unter den Touristinnen hoffen, Einlass in sein Einzelzimmer zu bekommen, um eine unvergessliche Nacht im australischen Busch zu erleben. Eine Nacht, wegen der sie sich ein Leben lang fragen werden, ob sie nicht hätten bleiben sollen. Und vielleicht würde die Eine darunter sein und hierbleiben, und wir würden mit den Krokodilen ringen und glücklich sein.

So weit die Theorie. In der Praxis war meine erste Aufgabe am nächsten Tag Rasenmähen. Das klingt erst mal ein bisschen simpel oder alltäglich, aber im Busch ist nichts alltäglich. Der Grund für das Rasenmähen beispielsweise war, dass Blitze das hohe Gras entzünden konnten und dann die Herberge nicht mehr zu retten gewesen wäre. Eine ganz andere Verantwortung also als das herkömmliche »Rasenmähen, weil sich die Nachbarn über den Löwenzahn beschweren«.

Auch eine ganz andere Ausrüstung.

Ich fand kein auch nur annähernd rasenmäherartiges Instrument. Nicht mal eine Sense. Auf der anderen Seite wartete der Gegner: In einem Radius von fünfzehn Metern (eigentlich natürlich weit über hundert Meter, aber nur fünfzehn Meter um das Haus herum waren zu mähen) stand kniehohes Gras. Und zwar kein verweichlichtes europäisches Gartencentergras, sondern australisches Ur-Buschgras. Da war nicht mal mit dem Küchenmesser etwas auszurichten.

Es gab nur ein Gerät, das der Aufgabe gewachsen war. Obwohl gewachsen übertrieben ist, sagen wir einfach, meine Nagelschere war das einzige Gerät, was das Gras überhaupt geschnitten hat. Ich habe also nach zwei Stunden intensiver Gerätesuche, einer weiteren Stunde verzweifelter Gerätesuche, und einer zusätzlichen Stunde mit Schnittproben aller vorhandenen Messer bis hin zum vergeblichen Versuch, das Gras herauszureißen, schließlich aus drei verrosteten Stahltonnendeckeln und Ästen eine Art Schlitten gebaut, weil ich das vom Heumachen aus den Alpen kannte, und losgeschnitten. Losgeschnippelt, besser gesagt. Vier Tage kroch ich von morgens bis abends mit einer Nagelschere in einem UNESCO Weltnaturerbe herum und habe aus Brandschutzgründen Rasen gemäht. Das Heu habe ich im Billabong versenkt.

Der Weg zum Herbergsvater ist eben ein steiniger. Nach

diesen vier Tagen hätte ich mit zwei Fingern ganz locker Austern aufspreizen können und nebenbei noch die harten dreieckigen Nüsse aus den Nikolaussäcken im Dutzend geknackt.

Die einzige Abwechslung war, als an einem Tag die Wasserpumpe ausfiel und der Billabong zur einzigen Duschgelegenheit wurde. Das klingt fröhlich, so wie Planschen im Teich, aber im gesamten Kakadu Nationalpark sollte man nie, und zwar »nie« großgeschrieben, direkt am oder im Wasser stehen, wegen der erwähnten Leistenkrokodile. Die sind nämlich wirklich tödlich. Und in zweihundert Metern Entfernung von der Herberge gab es ein Krokodilnest, dessen anhängige Mama so um die fünf Meter lang war. Geduscht haben deshalb nur ich und der Leiter. Er, weil er ein Rad ab hatte, und ich, weil man nach acht Stunden Rasenschnippeln auch dann baden würde, wenn man weiße Haie als Schwimmflügel nehmen müsste.

Wenigstens ließ mich diese Erfahrung das Entsorgen des Heus etwas ruhiger angehen. Davor hatte ich der Krokodile wegen den »Heuschlitten« bis in circa zwanzig Meter Entfernung zum Billabong gezogen, dann so viel Gras, wie ich tragen konnte, in die Arme genommen, war, so schnell ich konnte, zum Wasser gerannt, hatte das Gras ins Wasser geworfen (Brandschutz!), und war wie von allen Teufeln gehetzt wieder zum Schlitten gerannt.

Ich habe mich oft gefragt, was die mich hie und da aus sehr großer Entfernung beobachtenden Aborigines wohl dachten über den seltsamen weißen Mann, der mit einer Nagelschere zentimeterweise mühselig Gras schneidet und es dann von null auf hundert wie von der Tarantel gestochen in den Teich wirft. Wahrscheinlich sind sie deshalb immer so weit weg geblieben.

Trotzdem fühlte ich mich gut. Am letzten Abend saß ich auf dem Schaukelstuhl Probe, besah mein Werk und befand es für gut. Ich trank ein kühles Foster's Bier und war auf die Zukunft gefasst.

Aber sie wohl nicht auf mich. Zwei Tage nachdem ich nach Darwin zurückgekehrt war, um letzte Vorkehrungen zu treffen, schlugen die Ausläufer der Regenzeit noch einmal zu und überschwemmten alles, so dass ich mindestens vier Wochen hätte warten müssen, bis ich den Job hätte antreten können. Da zudem der Lastwagen, der die neuen Matratzen und Betten in die Herberge bringen sollte, von genau diesem Unwetter weggeschwemmt wurde, war selbst dieser Zeitplan ungewiss.

Mein bereits nach Indonesien vorgereister Kumpel, der sich auf ein- bis zwei-, aber nicht dreimonatiges Warten eingestellt hatte, pochte außerdem telefonisch von Bali aus auf Begleitungsrecht, stellte Leihgelder aus neuen Quellen in Aussicht und zog den Freundschafts- und Gemeinsame-Reise-Joker.

Und Jugendherbergsväter sind Ehrenmänner, ihr Wort gilt und hat Bestand, sie tun, was sie tun müssen, auch wenn es manchmal sehr wehtut.

Ich war nie wieder im Kakadu Nationalpark. Ich habe aber auch nie gelesen, dass dort jemals eine Jugendherberge gebrannt hätte. Sisyphus-Arbeit ist nicht immer umsonst.

12 herbergsvater

Bevor ich nach Indonesien abreiste, war ich doch noch eine gute Woche lang amtierender Jugendherbergsvater, allerdings in Darwin. Sicher besitzen mit zwanzig nicht viele die sittliche Reife, einem Betrieb vorzustehen, aber wer einen Rasen ohne Rasenmäher mähen kann, der kann auch eine Horde Rucksackreisender in den Griff bekommen.

Vom Typ her war ich eher der gütige König, also jemand, der sich sein hohes Amt nicht gleich anmerken lässt, sondern im Falle eines Konfliktes erst mal versucht, den Besitzer der Herberge telefonisch zu erreichen. Zum Glück gab es so gut wie keine Konflikte; es ist erstaunlich, wie selbstverständlich manche Autorität schon von Amts wegen hingenommen wird, und das von Charakteren, denen eigentlich die antiautoritäre Gesinnung ins Gesicht geschrieben steht. Anstatt wie bei mir nur im Rucksack dabei zu sein. Vom australischen Hells Angel, der gerade von drei Wochen Arbeit auf einem Shrimpkutter zurückgekehrt war und nach alter Seemannstradition seine Heuer beim Tätowierer und in Hochprozentigem anlegte, über den Waliser Fußballfan bis hin zum japanischen Koch, der auf Landschaftsgärtner umgeschult hatte und mir die erste Shiatsu-Massage meines Lebens verabreichte: Ich kam blendend mit allen aus. Vielleicht war es auch die natürliche Angst anderer Völker vor Deutschen in hausmeisterartigen Berufen, die hier zum Tragen kam. Oder umgekehrt der Beweis, dass eine multikulturelle Gesellschaft einfach funktioniert, zumindest solange die Getränke nicht ausgehen. Hier muss kurz erwähnt werden, eine Jugendherberge – oder, wie man in Australien sagt, ein Backpackers Inn – ist nicht mit Einrichtungen solcher Art in Deutschland zu vergleichen. Da geht nicht um zehn Uhr abends der Leiter mit Schäferhund auf Patrouille, um geschmuggelte Schnapsware zu konfiszieren, in Australien sorgt der Leiter im Gemeinschaftsraum für angemessene Musik zum gemeinsamen Genuss der Getränke. Wer einen leichten Schlaf hat, wird in den abgelegeneren Räumen des Hauses untergebracht, und fast alle unterstützen einen dabei.

Als jemand einmal die Zeche prellen wollte, haben sich sofort der Waliser Fußballfan und der bereits erwähnte australische Fischer bereiterklärt, mir im Unterstreichen der Sinnhaftigkeit von Unkosten für Logis zu helfen. Dieses Prinzip war mir bisher nur aus Mafiafilmen geläufig. Die beiden waren so überzeugend, dass der Ertappte nicht nur die Kosten beglich, sondern sogar noch ein kleines Trinkgeld gab, welches in die Kaffeekasse wanderte und folgerichtig in Weinkanistern angelegt wurde.

In der Tat gibt es öfter mal Situationen, in denen ein Waliser Fußballfan und ein australischer Hells Angel hilfreich wären, ich denke da beispielsweise an Behördenbesuche.

Besondes gut kam bei den Bewohnern die von mir initiierte Aktion »Pfannkuchen-Charity« an. Ich machte gefüllte Pfannkuchen, was lange dauerte, aber von den Zutaten her sehr günstig war, und verkaufte sie zu angemessenem

Preis stückweise als Mittagssnack. Hierzu muss man wissen, gefüllte Pfannkuchen zu gutem Preis entsprechen in Nordaustralien vom kulinarischen Wert her in etwa dem, was der Saharareisende vom Durst her mit einer Oase verbindet. Die Auswahl von günstigem Essen mit richtigem Essen drin war in Darwin sehr eingeschränkt und entsprach in etwa dem Mittagstisch der Schule in Pensacola.

Besonders seltsam war, dass Darwin eine Stadt ist, die traditionell von der Fischerei lebt, aber nirgendwo Frischfisch zu kriegen war. Nicht in Geschäften und auch nicht in Restaurants, nicht mal in den teureren. Der gefangene Fisch wird vom Schiff abverkauft, in Kühlwägen dreitausend Kilometer nach Adelaide transportiert, dort in Fabriken verarbeitet, tiefgefroren, und dann unter anderem dreitausend Kilometer zurück nach Darwin gefahren, um in den örtlichen Restaurants und Läden die Fischfreunde zu erfreuen.

Dieses Prinzip setzte sich beim Baden fort. Darwin liegt wie erwähnt am Meer. Doch aufgrund des Vorkommens einer bestimmten Quallenart, sogenannten »Sea Wasps« oder »Box Jellyfish«, ist es absolut unratsam, im Meer zu baden, da diese Quallen sehr gefährlich, sehr schmerzhaft und in vielen Fällen sogar tödlich sein können. In den zahlreichen Flüssen und Bächen rund um Darwin sollte man wegen der Leistenkrokodile sowieso auf keinen Fall schwimmen gehen. Also ist man am Meer, zusätzlich umgeben von massenweise Süßwasser jeder Art – Fluss, Teich, Bach, See –; will man aber, von so viel Feuchtgebieten inspiriert, zum Baden gehen, muss man sich in einen der wenigen Swimmingpools versenken.

Diese beiden Prinzipien sollten stellvertretend werden für meinen Umgang mit beruflicher Findung und vor allem für den Umgang mit Selbstvertrauen. Eigentlich ist alles da, aber wenn es nicht auf lange Umwege geschickt wird, komme ich da nicht ran. Und das im Überfluss Vorhandene einfach zu nutzen, erscheint mir immer viel zu gefährlich. Ich nehme an, dieses Prinzip erklärt auch, warum es überall so viele Musiker gibt, aber so wenig gute Musik. Die kürzeste Verbindung zwischen zwei Punkten ist eben keine Gerade.

Aber zurück zu den gefüllten Pfannkuchen. Der Verkauf lief sensationell und brachte genug Geld ein, um davon ein rauschendes Fest für alle Bewohner zu organisieren. Es war eine richtig feine Feier, mit allem, was das Herz begehrt. Als guter König muss man eben auch für Brot und Spiele sorgen. Es endete in einer ausgedehnten Knutscherei mit einer fünf Jahre älteren, bezaubernden Australierin, die nur aufgrund der Ausgebuchtheit der Herberge und unserer Weigerung, ein öffentliches Ärgernis zu werden, nicht weiterführte. Ein würdiger Abschluss eines gelungenen Abends, und es wäre auch ein würdiger Abschluss meiner Regentschaft geworden.

Die aber dauerte noch an.

Am nächsten Tag schon bereitete mir die Australierin eine weitere Überraschung. Am fortgeschrittenen Abend kamen wir uns erneut näher, worauf sie mit mir nach draußen ging, durch den Garten bis zum angrenzenden Motel, in dem sie ein Zimmer gemietet hatte. Welch beeindruckende Initiative, ich war platt, so etwas hatte noch nie jemand für mich getan. Ich glaube, es hat auch nie *wieder* jemand getan, und das, obwohl ich bis heute niemandem erzählt habe, was in dem Motel geschah.

Das Kernproblem war, das Motel hatte Pay-TV. Und ich schwöre, ich war nicht derjenige, der es in Betrieb genommen hat. Seit Pensacola hatte ich ein schwieriges Verhältnis zum Fernsehen, und mein Rekord lag mittlerweile bei sieben Spielfilmen innerhalb von 24 Stunden (vom Videothekar notariell beglaubigt). Dazu kam noch die bereits erwähnte unselige Eigenschaft, Filme immer bis zum Ende ansehen zu müssen, egal was gerade passiert. Die Betonung liegt hier tatsächlich auf »egal was«. Das weiß ich seit diesem Abend. Und seither hoffe ich inständig, wenn ich mal Vater werde, setzen die Wehen nicht während eines DVD-Abends ein.

Es war sie, die den Fernseher einschaltete und mit mir begann, *Indiana Jones – Jäger des verlorenen Schatzes* zu schauen. Ungefähr bei der Szene, wo Indie sich in die Schlangengrube abseilt, geschah es. Sie interessierte sich kaum noch für den Film, dafür zunehmend für mich. Leider konnte ich dieses Interesse nur würdigen, solange ich uneingeschränkte Sicht auf die Glotze hatte, obendrein gab es, weil es Pay-TV war, keine einzige Werbeunterbrechung. Ich versuchte so galant wie möglich auf all die gemeinsamen Abenteuer und Schätze hinzuweisen, die jenseits des Films warteten, aber sie war bereits jenseits der Wiederkehr. Ich wusste, wie unromantisch sich das alles anhören musste, aber ich konnte nichts tun. Es endete in Tränen, gerade als Indie mit dem U-Boot in der Nazihöhle auftauchte.

Sie warf mich noch vor dem Abspann raus, ohne dass es zu sexuellen Handlungen gekommen wäre.

Die Tatsache, dass ich mich schämte, immer noch Jungfrau zu sein, und die große Angst, der selbstbewussten Erotik ihrer Zimmerbuchungsaktion körperlich nicht gerecht werden zu können, hatte sicher nichts damit zu tun. Ganz sicher.

Am Abend vorher hatte sie mir noch erzählt, bevor sie nach Darwin kam, sei sie ein Dreivierteljahr lang in Kalifornien Deadhead gewesen. »Deadhead« waren Anhänger der Band Grateful Dead und reisten von Konzert zu Konzert mit der Band mit. Nicht einfach Groupies, sondern echte Liebhaber der experimentellen Musik, die bei den Konzerten Mikrofone in den eigens dafür abgesperrten Bereich vor der Bühne stellten, um mitzuschneiden, und dann zwischen den Konzerten die Aufnahmen auf Kassette zu hören. Ein gewisses Maß an Liebhaberei zu experimentellen Substanzen gehörte ebenfalls dazu.

Als sie mir davon erzählte, dachte ich, dieses Berufskonzept hätte aus meiner Feder stammen können.

Jedenfalls könnte man doch meinen, wer sogar ein Live-Gitarrensolo von Jerry Garcia unbeschadet übersteht, der hat Geduld für alle Indiana-Jones-Filme am Stück. Aber so kann man sich täuschen. Ein Fernseher ist eben keine Gitarre. Und es wäre außerdem auch unfair, ihr die Schuld an meinem Dachschaden zu geben. Ihre Idee mit dem Liebesnest war schließlich großartig gewesen. Für mich galt es, zu erkennen, was Mos Def in dem Song »Kalifornia« so zutreffend beschreibt: »This is the time, this is the place.«

Nun, es mögen die Zeit und der Ort gewesen sein, aber eben nicht meine. Ich war das Gegenteil eines Jägers und habe trotzdem einen Schatz verloren.

Ich war im Busch kein Crocodile Dundee geworden, ich war im Bett kein Indiana Jones gewesen, wenigstens im Fernsehen konnte ich alles sein. Während man einen Film sieht, kann man unglaublich gut Held sein, außerdem Weiser und Liebhaber.

Im echten Leben war ich zumindest Vater geworden, wenn auch nur Vater einer Jugendherberge und nur für wenige Tage. Als dann die Herberge von einer Wanzenplage überrascht wurde, trat ich ab. Ein letzter Versuch, auf einem Krabbenkutter anzuheuern, um auf die Schnelle Geld zu verdienen, scheiterte, und so flog ich auf Pump nach Bali zu meinem Kumpel. Wenn sich so viele Vorstellungen in Luft auflösen, ist Flucht immer eine Alternative.

Bereits vier Tage nach dem Motelabend saßen mein Kumpel und ich spätnachmittags am balinesischen Ufer, dem berüchtigten Kuta Beach. Im Gegensatz zu Darwin war hier der Verkehr am Strand unerträglich. Alle zwanzig Sekunden kam ein fliegender Händler, Verkäufer, Masseur, Zopfflechter oder Sockenstopfer vorbei. Mir blieb kaum einmal Gelegenheit, den verpassten Chancen angemessen nachzusinnen.

Aber der Sonnenuntergang sah aus wie in einem Film, und man konnte im vorhandenen Meer baden. Einfach so.

13 bewährungshelfer

Die Stadt Chiang Mai im Norden Thailands ist in jeder Hinsicht eine Reise wert. Es gibt viel zu bestaunen.

Ich habe dort beispielsweise lebende Flugameisen gekostet, was wesentlich spektakulärer klingt, als es schmeckte. Tatsächlich schmeckte es relativ fade, selbst mit Zitrone. Aber spektakulär klingen ist ja auch schon was.

Doch mein Kumpel und ich wollten nicht nur die kulinarischen und sonstigen Sehenswürdigkeiten der Stadt und des Umlands besuchen, sondern als Referenz an das angrenzende »Goldene Dreieck«, eines der weltweit größten Anbaugebiete und gleichzeitig Umschlagplatz von Rauschmitteln aller Art, eine gute Tat vollbringen.

In den Reiseführern für Rucksacktouristen wird erwähnt, dass sich europäische Häftlinge in asiatischen Ländern sowohl über Besuch freuen als auch über legale Mitbringsel wie Schreibpapier, Stifte und Früchte. Wer einmal in Singapur am Bahnhof ankam und sich fragte, ob er vielleicht unwissentlich ein paar Drogenleckerlis zugesteckt bekommen hat, während er die große Schrifttafel »Death Penalty for Drug Trafficking« (Todesstrafe für Drogenhandel) liest, und anschließend durch einen ein Meter breiten Gang geht, der von Käfigen gesäumt ist, in denen wachsam die Drogenhunde schnüffeln, der hat zumindest ansatzweise Mitgefühl.

In der Tat sitzen in Chiang Mai und anderen Städten viele arme Tröpfe, die sich von der scheinbaren Lockerheit der sonstigen Sitten zur Dummheit haben verleiten lassen. Natürlich sitzen dort auch viele Tröpfe, die mit scheinbarer Dummheit kaschieren, wie sie ganz locker ihre Armut loswerden wollten. Wir hatten jedenfalls nur Ersteres im Sinn, als wir große Tüten mit Papier, Stiften und Obst füllten und zum Gefängnis zogen. Dort war alles geschlossen. Das ist zwar die Natur eines Gefängnisses, aber in dem Fall war sogar die Pforte zu. Wir haben dann geklingelt, und heraus kam ein Wächter, der, obwohl Asiate, auch genauso gut der ehemalige Bandenführer und jetzige Bürgermeister eines mexikanischen Dorfes hätte sein können. Vom Typ her ein Schweinsgesicht mit Schnauzer und dazu Knopfaugen, die die Wärme einer arktischen Winternacht ausstrahlten. Also irgendwo zwischen »El Presidente« und dem sadistischen Haftwächter in dem Drogenschmuggel-Lehrfilm *Midnight Express*.

Wir trugen ihm unser Anliegen vor.

Er blickte uns einfach nur an.

Dann trugen wir unser Anliegen nochmals vor, worauf er noch teilnahmsloser blickte, falls das möglich ist.

Nach dem geschätzt fünften Vortragen unserer Besuchsabsichten –

»Visit, possible visit, maybe? Visit Prisoner? We have present for prisoner, visit possible?«

– schüttelte er kaum erkennbar den Kopf.

Ich überlegte, zu welchem Land er als Diktator passen würde.

Nach weiteren Bitten schließlich teilte er uns unwirsch

mit, dass gerade Feiertag sei, an dem Besuche nicht gestattet seien. Als wir ungelenk fragten, ob es denn Ausnahmen von dieser sicherlich absolut und ohne jeden Zweifel sinnvollen Regel gebe, sah er kurz aus, als wollte er uns mit hereinnehmen und den Besuch als Häftlingstreff gestalten, nur damit wir Ruhe geben.

Da musste ich spontan an meinen Opa denken, der mal erzählte, ein Mechaniker hätte an seinem Auto Mängel entdeckt; mein Opa war sich sicher, dass das stimmte. Doch meine Oma fragte:

»Woher willst du denn wissen, ob der nicht nur ein gutes Geschäft machen will?«

Mein Opa sagte kurz und knapp:

»Ich hab ihn geschmiert.«

Damals dachte ich eher an Wurstbrote und habe erst auf Nachfrage zu Hause erklärt bekommen, was Schmiergeld bedeutet: etwas, das in der Geschäftswelt Vorgänge erleichtern und beschleunigen kann. Eine Methode übrigens, die man zu Unrecht hauptsächlich im Ausland vermutet. Doch gibt es zugegebenermaßen erhebliche Unterschiede zwischen bayerischen Mechanikern und thailändischen Gefängniswärtern, zumindest was die Konsequenzen von missverstandener Bestechung betrifft.

Aber mein Ehrgeiz war geweckt, und nicht zum ersten Mal staunte ich, in welchen Situationen mein Ehrgeiz geweckt wurde, nämlich oft nachdem ich schon vergessen hatte, dass er existiert. Ich wollte groß sein, abgeklärt, so als würde ich auf täglicher Basis Staatsdiener bestechen, weil ich ein Mann von Welt war, irgendwo zwischen Zorro und mexikanischem Rinderbaron, für den Korruption so alltäglich war wie die schwarzarbeitenden Angestellten des Hauses.

Es wäre angebracht zu erwähnen, dass dieses mein Vorhaben in starkem Kontrast zu unserem Aussehen stand. Schulterlange Haare, Nickelbrille, gebatikte Trägershirts und noch ausdrucksstärker gebatikte Hosen, die von Jesuslatschen untermalt wurden, ließen uns im besten Falle wie die Ziehkinder eines westeuropäischen Cannabiskommunenkleinstbarons erscheinen – oder auch einfach nur wie Touristentrottel. Die zwei Tage vorher verwirklichte Idee, mir in Bangkok die Haarpracht in Zöpfe flechten zu lassen, half sicher ebenfalls nicht dabei, unsere Autorität zu untermauern.

Aber irgendetwas zwischen Amnesty International und spontanem Realitätsverlust ließ mich weitermachen. Ich gab dem Wärter einen großen Geldschein, lächelte und erzählte irgendwas von wegen »anlässlich des Feiertags, eine Spende ans Gefängnis, großartiges Justizsystem …«, in der Hoffnung, er würde uns Einlass gewähren.

Er blickte mir tief in die Augen, und für einen Moment glaubte ich den Drogenhund in Singapur anschlagen zu hören, so dass ich die Papier- und Obsttüten in Kürze selbst brauchen würde.

Dann steckte er den Schein – völlig ausdruckslos – in seine Brusttasche, nickte kurz, nahm unsere Tüten und verschwand wieder im Gefängnis. Wir stammelten noch ein paar Worte, von wegen beste Grüße an die Insassen bei Überreichen der Tüten, und machten uns schleunigst vom Acker.

Ich vermute, spätestens nach der Versteigerung der Tüteninhalte war es für den Wärter ein sehr großer Feiertag, und ich lernte daraus, dass man für eine erfolgreiche Bestechung einfach einen Anzug braucht.

Mein Kumpel beschloss nach diesem Erlebnis, sich einer mehrtägigen Dschungeltour durch das Bergland anzuschließen. Ich war durch eine Fußverletzung verhindert und blieb in der Herberge.

»So eine Erfahrung lässt einen doch ernsthaft darüber nachdenken, ob der Konsum von Drogen es wert ist, ›El Presidente‹ von der falschen Gitterseite her zu begegnen. Sicherlich nicht! Und gerade wenn man die Leute nicht gut kennt, die einem was verkaufen wollen … schließlich hört man immer wieder, dass da auch Polizisten mit unter der Decke stecken!« Das sagte ich später nachts zwischen zwei Zügen an einem stattlichen Joint zu meinem israelischen Zimmergenossen, den ich einige Stunden zuvor kennengelernt hatte.

Er pflichtete mir bei. Wir berauchten gerade unsere vorher ausgetauschten pazifistischen Ansätze für die Lösung des Nahostkonflikts mit einem außergewöhnlichen Gras burmesischer Provenienz.

Es war ein schöner und vor allem bewegender Abend, mein erster längerer Austausch mit einem Israeli, und wir ließen die deutsche Vergangenheit in unseren Gesprächen nicht aus. Erlebte Versöhnung tat gut nach den Erlebnissen des Tages. Und doch war ich mit mir ein wenig unversöhnt. Ich überlegte im Stillen, welchen Weg ich einschlagen konnte, der auch die Autorität mit sich bringt, Situationen, in denen man mit den »El Presidentes« dieser Welt konfrontiert wird, nicht nur zu überstehen, sondern aktiv zu gestalten. Wie wird man eigentlich Rinderbaron? Und wo? Ich stellte mir meine Wenigkeit im Anzug als Herr über zehntausend Steakträger vor. Und obwohl dieser Gedanke etwas fade schmeckte, war er doch dazu angetan, meinem gegenüber dem Wärter gefühlten Ameisendasein Flügel zu verleihen.

Dann plötzlich nahm der Israeli – wollen wir ihn Tiresias nennen, wegen der Intensität des folgenden Moments –

meine Hände in seine, sah sie sich sehr genau an und erklärte mit einem Ernst, den hier darzustellen mir nicht möglich ist, ich hätte die Hände eines Gitarrenspielers.

14 putzfrau

Nachdem ich von den Reisen durch die Ferne zurückgekehrt war, beschäftigte mich natürlich die Frage, wie ich diese außerordentlichen Erlebnisse und Erkenntnisse am sinnhaftesten umsetzen konnte. Wohin mit meiner Naturverbundenheit, mit meiner asiatischen Gelassenheit und mit der Sicherheit, allein in der Wildnis nicht verloren zu sein?

Diese sehr guten Fragen mussten zunächst zurückgestellt werden, da ich ja wie erwähnt auf Pump unterwegs war und also erst mal Geld rangeschafft werden musste. Das schloss sofortiges Gitarrespielen aus, vom Gitarrelernen ganz zu schweigen. Da ich ja aber auch Erfahrungen mit Autorität gemacht hatte, hatte ich keine Schwierigkeiten, mein erstes Engagement zu finden. Ich wurde Putzfrau für einen Hausmeisterservice. Man könnte auch sagen: »Putzmann«; aber als emanzipiertes Kind der Siebziger war ich souverän genug, zur Bezeichnung »Putzfrau« stehen zu können, ohne mich in meiner Männlichkeit eingeschränkt zu fühlen. Außerdem, der Chef der Firma hatte zehn Jahre als Fremdenlegionär gedient, und »Fremdenlegionär« ist auch ein komisches Wort, mich erinnert es immer an Asterix. Aber es beinhaltet eine Erfahrung, die durchaus mit einer Woche Kakadu Nationalpark vergleichbar ist. Jeder geht eben andere Wege zur Mannwerdung.

Ich war jedenfalls, wie sich herausstellte, eine glänzende Putzfrau. Insbesondere ein Objekt im Münchner Olympiapark hatte es mir angetan, die Treppenhäuser im ehemaligen Olympiadorf. Diese Treppenhäuser waren aus gesundem Vollbeton, der aus Gründen, die sich mir entzogen, offensichtlich seit der Rohbauphase nicht weiter behandelt worden und von Farbe oder Fliesen unberührt war. Ich vermute, es steckte entweder Avantgarde oder eine Art »Ach komm, eh wurst« dahinter. Dort zu wischen war ein bisschen, wie mit einem Besen in der Sahara zu kehren. Also intellektuell nicht unanspruchsvoll. Denn man hat viel Zeit zum Nachdenken. Eine Aufgabe, die kein offensichtliches Ziel verfolgt, hat etwas Rituelles ... oder auch etwas so Idiotisches, dass einfach irgendein ganz großer Plan dahinterstecken muss. Das Treppenhaus sah nämlich nach dem Wischen um keinen Deut anders aus als davor. Immer noch grau in grau, und ich bin sicher, auch nach einem Bombenteppich wäre dieses Treppenhaus unverändert grau gewesen. Wenn das Haus nicht irgendwann abgerissen wurde, dann würde dieses Treppenhaus die Äonen überdauern bis ans Ende aller Zeit. Und ich, der ich es einst gewischt habe, wäre Teil der Ewigkeit. Wie man sieht, verschaffen einem Fernreisen eine gewisse Resistenz gegenüber herkömmlichem Denken.

Und Insichruhen ist ein beeindruckendes Parfüm. Tatsächlich lernte ich nun plötzlich die Frau kennen, auf die ich gewartet hatte. Wollen wir sie Klytämnestra nennen, wegen ihrer späteren Entscheidungen. Schuld an allem war Tom Waits, dessen Kunst sie genau wie ich verehrte. Genauer gesagt die Platte *Rain Dogs*. Wobei erwähnt werden muss, dass sie den Song »Time« für den Höhepunkt hielt, während mein Herz für immer »Tango Till They're Sore« gehören würde. Das war natürlich nicht unbedenklich, andererseits stammte sie wie Tom Waits aus den USA. Es könnte sein, dass sie der Grund ist, warum ich es bis heute sexy finde, mit Frauen englisch zu reden. Ich war mehr als hingerissen von unserer Begegnung und habe mich nach den ersten zwei Sätzen verliebt. Es kann auch direkt nach dem ersten gewesen sein.

Das Sensationellste an dem Ganzen war, es kam genau das zurück, was ich für sie empfand. Eine völlig neue Erfahrung. Bis dahin war entweder ich verliebt in jemand gewesen oder jemand in mich, aber nie beidseitig und nie gleichzeitig. Das war es also, was die anderen meinten, wenn sie ihre Verliebtheiten beschrieben mit den Worten:

»Das ist, also, das fühlt sich an wie, also das ist der Wahnsinn, weißt du, wenn sie zum Beispiel zu mir kommt oder wenn sie lacht, oder wenn wir uns treffen, der Hammer, da ist so ein Dings, also wir sind einfach, das ist Schicksal, verstehst du?«

Von diesen spektakulären Entwicklungen beschwingt, putzte ich untertags wie entfesselt. Dem Fertigbeton muss es fast schon wie eine Massage vorgekommen sein, was ich da mit ihm veranstaltete. Und mein Aufgabenbereich begann sich zu erweitern. Bald wurde ich als zuverlässig und begabt genug eingeschätzt, um bei Entrümpelungen mitzuwirken. Natürlich unterliefen mir auch hier erst mal Anfängerfehler. So stellte es sich als nicht förderlich heraus, in Gedanken an Klytämnestra einen üppigen Dachbodeninhalt oben ohne zu entsorgen. Zum einen sah ja niemand meinen vom Treppenfeudeln gestärkten Oberkörper, zum anderen bestand die Hälfte des zu entsorgenden Plunders aus Glasfasermatten. Glasfasern sind so konstruiert, dass sie sich bei Entrümpelungen leicht von den Matten lösen, und sich dann, von einem inneren Magnetismus angetrieben, bevorzugt auf verschwitzter Haut niederlassen, in die sie einzudringen versuchen, um dort neue Glasfasermatten zu bilden. Der Wirtsorganismus, also in dem Fall ich, bemerkt dies durch ein Jucken, das sich bei Kratzen exponentiell verstärkt und vom spontanen Auftreten vieler kleiner roter Punkte begleitet wird. So betrachtet war ich ganz froh, von niemandem beobachtet zu werden. Denn als sich der Staub nach der mehrstündigen Arbeit gelegt hatte, sah ich unter der vom Schweiß beeindruckend haltbar gemachten grauen Staub- und Spinnwebschicht aus wie ein schlecht geduschter Bauarbeiter aus dem Pin-up-Kalender der Gesellschaft für Hautekzeme und Schuppenflechten.

Jede Tätigkeit hat eben ihre Eigenarten, die man erst nach und nach kennenlernt. Ich glaubte mit Entrümpelung vertraut zu sein, weil ich trotz meiner jungen Jahre schon Umzugsprofi war. Zwei Jahre zuvor hatte ich mit einem Kumpel den einen oder anderen Umzug gegen Geld durchgeführt, neben den sämtlichen Umzügen diverser Freundinnen und Freunde. Wir hatten sogar eine Wette laufen, wer die meisten Umzüge über das gesamte Jahr schafft. Ich habe den auf beider Rücken ausgetragenen Wettbewerb mit 26:25 für mich entschieden. Allein aus dieser Erfahrung heraus möchte ich hier kurz innehalten, um ein für alle Mal festzustellen:

Es kommt nicht auf die Größe an und auch nicht aufs Gewicht. Einzig und allein entscheidend ist die Beschaffenheit der Gegenstände und die Zugänglichkeit der Wohnungen. Das schlimmste anzunehmende Umzugsgut ist ein großes Sofa egal welchen Gewichts, das nur aus Wulsten besteht und deshalb keinen Halt oder Griff bietet, außer mit Torwarthandschuhen, und das durch ein enges Treppenhaus über mehrere Stockwerke nach unten muss (ja, nach unten ist anstrengender als nach oben: Schwerkraft!). Dagegen sind Klaviertransporte Wellnessurlaube.

Und jeder, der umzieht, sollte ganz selbstverständlich, um die Helfer zu ehren, die drei großen Ps berücksichtigen: Packen, Packen und Packen. Das zu sagen, lag mir besonders am Herzen, denn wenn ich jemals wieder einen Umzug machen muss, bei dem man eintrifft und ein grinsender Trottel begrüßt einen ohne Brezeln und Leberkäse (»Sorry, hab's nicht mehr geschafft«), mit drei gepackten Kartons, neun Plastiktüten und zahllosen Kleinstgegenständen, die man einzeln »tragen« muss (»Vorsicht, die Kartons sind ein bisschen eingerissen«), um sie dann in seinem Kombi (»Ich dachte, der reicht, da braucht man keinen Bus«) um die zentnerschwere Kommode (»Ich dachte, ich lass die Sachen in den Kommodenschubladen drin, dann braucht man nicht so oft laufen«) herumzupfriemeln, werde ich wirklich böse. Dann werde ich aus allem, was sich händisch zerkleinern lässt, einen Leberkäse backen und dem Verbrecher so lange löffelweise verfüttern, bis der Umzug ein reines Verdauungsproblem geworden ist.

So wie man es mit mir hätte machen sollen, jedes Mal wenn ich umgezogen bin.

Aber das nur am Rande und weil es rausmusste.

Als sich also der Glasfaserausschlag gelegt hatte, habe ich sofort weiterführende Maßnahmen Klytämnestra betreffend eingeleitet. Als Profi (weil ich ein passabler Zuhörer bin, aus Erfahrung lerne und mir Dinge merke) wusste ich: Ich muss sie zu mir einladen. Vor allem weil kein Motel und auch kein Geld für ein solches zur Hand war. Sie war einverstanden. Den Fernseher habe ich vorsorglich vorher ausgesteckt.

Und so geschah es, sie kam, und es war ein großartiger erster Abend.

Ich hatte aus Bangkok eine Kassette von *Rain Dogs* mitgebracht, die wir drei- bis sechsmal anhörten. Auf der Kassette war ihr Lieblingslied »Time« aus unerfindlichen Gründen zweimal hintereinander aufgenommen, was ihr sofort auffiel; ich hatte es bis dahin einfach für ein sehr sehr langes Lied gehalten. Wir plauderten miteinander, wie es seit alters her zwei junge Menschen tun, die sich zugeneigt sind:

»Wow!«

»Hmm?«

»Die Musik.«

»Ja.«

»Genial.«

»Ja.«

»Und das nächste Lied …«

»Hammer, und das übernächste …«

»Ja.«

Kurze Gesprächspause.

»Hey, die Texte!«

»Das ist Tom!«

»Ja.«

»Das könnte ich mir sooo oft anhören.«

»Ich auch.«

»Gefällt's dir?«

»Ja. Und dir?«

»Auch.«

»Cool.«

»Ja, cool.«

»Sollen wir's nochmal anhören?«

»Klar!«

»Okay.«

Nur haben wir uns auf Englisch unterhalten, was das Ganze fast noch ein wenig tiefgehender macht:

»Wow!«

»Hmm?«

»The sound.«

»Yeah.«

»Sweet.«

»Yeah.«

»And the next track …«

»Bummer, and the one after …«

»Yeah.«

Short Intermission.

»Man, the lyrics!«

»That's Tom!«

»Yeah.«

»Dude, I could listen to that, you know, like … always.«

»Me, too.«

»You like it?«

»You bet. And you?«

»Same.«

»Cool.«

»Yeah, cool.«

»Wanna hear it again?«

»Sure!«

»Okay.«

Mit anderen Worten, das Rohbetontreppenhaus unter den Konversationen, aber wen interessiert das, wenn die Musik gut ist und die Richtung stimmt.

Im Anschluss an das sechste Mal schlenderten wir mit

zwei Gläsern und einer Flasche Sekt bewaffnet zum nahegelegenen Isarkanal. Dort haben wir uns auf einer Brücke im Mondschein geküsst.

Das war einer von drei Momenten in meinem Leben, in denen ich das Gefühl hatte, angekommen zu sein. Der zweite war an einem See und der dritte beim Schauen eines japanischen Zeichentrickfilms, wobei jeweils zehn Jahre dazwischen liegen sollten.

Aber zurück zu jenem ersten Moment, damit er noch einen Augenblick verweilt: So ein Isarkanal, dessen betonierte Einfassung die Schwester des Treppenhauses sein könnte, kann sogar das balinesische Meer ersetzen, wenn der Mond scheint und die Haare der Begleitung duften. Ich schwelgte in der Gewissheit, die Putzfrau würde erreichen, was dem Wildhüter verwehrt geblieben war. Es gab schließlich eine Menge angestaute Unschuld meinerseits, die verloren werden wollte, und die erste Stufe dorthin war gewischt.

15 postillon

Wenn es mal läuft, dann läuft's richtig. Nachdem ich Klytämnestra unmittelbar nach dem Isarkanal zu ihrer sich bereits sorgenden Gastfamilie zurückgebracht hatte, bekam ich am nächsten Morgen die Zusage für einen neuen Job: für die Post am Flughafen Briefe verfrachten, abholen und sortieren. Das Ganze in der Nachtschicht, also bei fast doppeltem Stundenlohn. Das Putzen allein hatte nicht ausgereicht, um die Reiseschulden zurückzuzahlen.

Jeder hat ja schon oft und viel über die Post gelästert – allein deshalb sollte man es mal selbst gemacht haben. Und Postbeamter, also fast so etwas wie ein Briefträger oder Postillon, das war eine romantische Aufgabe. Noch dazu am Flughafen. Die Briefbotschaften nach Postleitzahl sortieren, die Menschen aus aller Welt ihren Liebsten schreiben, Reiseberichte, Grüße aus entfernten Ländern, entlegenen Gegenden. Der Bettelbrief eines jungen Reisenden an seine Eltern vielleicht oder der Brief eines zu Unrecht eingekerkerten vermeintlichen Drogenkuriers an seine Auftraggeber. Ich war Teil der Kette, die Brieffreundschaften ermöglichte, so große Briefwechsel wie die von Goethe und Schiller, Thomas Bernhard und Siegfried Unseld oder Keanu Reeves und Sandra Bullock.

Und ich durfte blaue Latzhosen dabei tragen! Kurz, ich war Teil jener langen Kette von Verliebten, die in ihrer hormonbedingten Gehirnamputiertheit auch wirklich jedem Job etwas abgewinnen können.

Nach einigen Tagen war ich bereits so schnell im Briefesortieren, dass ich bis zur finalen Briefsackbestückung der ausfliegenden Container um halb drei schon über eine halbe Stunde lang mit den Kollegen Schafkopf spielen konnte. Das war nicht einfach, denn wer zuerst kam, spielte zuerst. Mir fällt es schwer, es zuzugeben, aber auch dank der Tipps, die ich beim Bund bekommen hatte, konnte ich mir so den Lohn noch etwas aufbessern. Wobei ich einräumen muss, dass einige der Kollegen schon nebenbei an der Uni studierten, was man ihrem Kartenspiel deutlich anmerken konnte: viel zu verkopft.

Alles war gut, und nun stand nur noch ein Ereignis meinem ganz großen Glück im Weg. Das erste Mal!

Ich ging mit Klytämnestra am darauffolgenden Samstag zum Tanzen, musste aber aufgrund eines schon früh am nächsten Morgen beginnenden Fußballturniers früher nach Hause. Das zumindest wusste ich als erfahrener Mann aus dem Sportteil der Zeitung: Sex vor dem Spiel ist kontraproduktiv für beide Ereignisse. Gut, die Trainer, die dies behaupteten, waren schon damals nicht mehr ganz frisch, aber ich wollte auf Nummer sicher gehen. Wenigstens hatte niemand etwas von »nach dem Spiel« gesagt. Außerdem sind sportliche Erfolge bestimmt libidofördernd, dachte ich. Und so erkor ich den Sonntag zum Tag des Herrn.

Als wir uns Samstagnacht in der Disco mit einem Kuss verabschiedeten, hatte ich mit ihr vereinbart, am frühen Abend des nächsten Tages zu telefonieren und uns dann zu treffen.

Am Sonntagmorgen war ich früh wach und pünktlich beim Turnier. In meinem ganzen Leben habe ich nicht so bodenlos schlecht gespielt, und die Restmannschaft hätte mich auch sonst wahrscheinlich allein aufgrund meines dümmlichen Dauergrinsens gelyncht, aber ich machte mich nach Turnierschluss rechtzeitig vom Acker.

Ich duschte eine Dreiviertelstunde lang, rasierte mich, und wenn ich statt zwanzig schon Mitte dreißig gewesen wäre, hätte ich mir sogar das Nasenhaar getrimmt. Ich bezog mein Bett frisch, räumte das Zimmer auf. Es war alles bereitet.

Zugegeben, ich wurde langsam nervös, aber ich erinnerte mich daran, das erste Mal ja eigentlich schon so gut wie erlebt zu haben. Sogar zweimal! Ich ging trotzdem nochmal die Checkliste durch:

1. Hose ausziehen und

2. Egal was passiert, weiteratmen!

Gut. Ich war vorbereitet. Ich rief sie mit klopfendem Herzen an.

Manchmal weiß man schon nach ein paar Sekunden, dass irgendetwas überhaupt nicht stimmt. Sie klang emotional so nah, als sei sie gerade in den USA. Im Verlauf des Gesprächs, das zwanzig Minuten dauerte, fand ich mühsam den Grund heraus, so wie ein Zahnarzt, der die entzündete Wurzel sucht und schließlich aufspürt. Leider war ich gleichzeitig der Patient. Der Weg zur entzündeten Wurzel war also bereits sehr schmerzhaft, aber als ich sie endlich berührte, hatte ich für einige Augenblicke einen kompletten Blackout. Nicht nur, dass sie mir klarmachte, wir würden uns an dem Abend nicht sehen, nach neunzehn Minuten rückte sie auch damit heraus, sich am Abend zuvor in einen anderen Kerl verliebt zu haben.

Wenn man nach einem gefühlt großartigen beruflichen

Erfolg ins Büro des Chefs gerufen wird und in vollem Bewusstsein der sich gleich ereignenden Beförderung gekündigt wird, dann ist das vielleicht ein leises Echo dieser Situation. Wer so was schon mal erlebt hat, weiß genau, wovon ich spreche. Wenn man anschließend in sein Büro zurückwankt und dort die Erfolgsbilanzen liegen, die einem vorkommen wie ein schlechtes Witzbuch, in dem jeder abgeschmackte Uraltscherz auf die eigene Kappe geht, dann mag man erahnen, wie ich mich – aufgeputzt und gestriegelt neben dem frisch bezogenen Bett – gefühlt habe.

Ich kann nicht mal behaupten, es hätte wehgetan; als der Schmerz nach drei Tagen endlich einsetzte, war das fast schon eine Erleichterung, bis dahin war einfach nur alles taub.

Das war einer von drei Momenten in meinem Leben, in denen ich das Gefühl hatte, ich würde niemals zu Hause ankommen. Tom Waits war allerdings nur an einem der beiden weiteren beteiligt. In den ersten Wochen wollte ich mich konsequenterweise mit seiner Musik trösten, habe es aber nicht übers Herz gebracht. Denn obwohl viele fälschlicherweise annehmen, seine Musik wäre für solche Anlässe geradezu geschaffen, ist das falsch, sie ist nämlich im Kern sehr optimistisch.

Nun könnte man einfach in Mitleid für mich schwelgen, und einen traurigen Abend an einer Bar vermuten, aber ich habe manchmal ein Händchen, Situationen noch den nicht vermissten Zuckerguss überzustreuseln – oder die Krone falsch herum aufzusetzen, um im Zahnarztbild zu bleiben.

Denn in meiner Fassungslosigkeit musste ich einfach mit jemandem reden und bin deshalb zu einem Kumpel gefahren, wollen wir ihn Ägisthos nennen, wegen dem, was bei ihm geschah. Schon zwanzig Meter vor dem Ziel überfiel mich plötzlich der Gedanke, das könnte keine gute Idee gewesen sein. Ein euphemistischer Gedanke, wie sich erweisen sollte, denn Klytämnestra war schon vor mir da. Ich hatte mir zum Vollheulen unwissentlich denjenigen ausgesucht, den auch sie sich ausgesucht hatte. »Great minds think alike«, wie der Amerikaner sagt. Große Geister denken gleich. Gestörte wohl auch.

Für die Situation, wie ich den beiden gegenüberhockte, die sehr verschämt händchenhaltend auf seinem Sofa saßen, mit einer Mischung aus Trotz und schlechtem Gewissen, fällt mir leider kein Bürovergleich mehr ein, und auch dem Zahnarzt wären an dieser Stelle die Werkzeuge ausgegangen.

Was nicht bedeutet, es ginge nicht noch mehr. Ich habe die beiden dann zehn Tage lang nicht gesehen, bis zu meinem Geburtstag, als sie mich während der laufenden Feier besuchten. Ich bin mir sicher, das war gut gemeint, aber spätestens, als sie am fortgeschrittenen Abend bei mir im Wohnzimmer anfingen zu knutschen, haben sie meine Souveränität und Selbstheilungskräfte doch überschätzt.

Mir standen zwei Vorgehensweisen zur Verfügung. Die eine Alternative wäre der Gebrauch taktischer nuklearer Waffen gewesen, die aber bei Einsätzen in Doppelhaushälften dazu neigen, die Möbel anzugreifen. Und es waren auch gerade keine zur Hand. Ich habe mich deshalb für die zweite Möglichkeit entschieden: Ich habe ihnen *Rain Dogs* aufgelegt und bin mit anderen Gästen zu einem See gefahren. Klytämnestra habe ich nach diesem Abend nie wieder getroffen, sie ging auch drei Wochen später zurück in die USA. Mit Ägisthos bin ich bis heute befreundet.

Ganz ehrlich, ich weiß auch nicht, warum ich so bin. Ich glaube, wenn man wie ich bei so vielen Umzügen mitgeschleppt hat, will man nicht auch noch nachtragen.

Doch ohne Wirkung blieb das alles natürlich nicht. Das Putzen, das Entrümpeln und vor allem die Post hatten ihren Reiz verloren. Meine letzte Amtstat als Postillon war, dass ich sechs Wochen später einen Brief, den die mittlerweile in die USA zurückgekehrte Klytämnestra an Ägisthos geschrieben hatte, illegal vom Briefweg abzweigte und Ägisthos in der Disco, in der das Unglück begann, überreichte. Ich fand das ausgesprochen stilvoll im Waits'schen Sinne. Trotzdem wollte ich danach nur noch weg und alle Scheiße dieser Welt vergessen.

16 kläranlagenmonteur

Der Teil meines Planes mit dem Weitweg-sein hat sogar recht gut funktioniert, das mit dem Scheiße-vergessen weniger. Allerdings nicht unpassenderweise und völlig im Einklang mit der geforderten Aufgabe. Nachdem ich drei Wochen im Lager einer Firma gearbeitet und mich dort auch ohne Wischmopp bewährt hatte, habe ich die Gelegenheit beim Schopfe ergriffen, für vier Wochen nach Dänemark zu gehen, um dort unter ingenieurieller Aufsicht bei der Feinmontage einer Kläranlage mitzuwirken. Den Tipp für diesen Job hatte ich von meiner Exverlobten, unserer kurzen Verwandtschaft wegen. Blut ist eben manchmal dicker als schmutziges Wasser.

Mir kam das zupass. Im kargen Polareis, der Heimat der langen Winternacht, in freier Natur körperlich zu arbeiten, schien mir das Richtige, um zu vergessen und neuen Mut aus der gefrorenen dänischen Erde zu schöpfen. Eine Einkehr am nördlichsten Rande der bewohnten Zivilisation – wenn man sich Schweden, Norwegen und Finnland mal wegdenkt. Und romantische Verwicklungen waren so gut wie ausgeschlossen. Ich rechnete nicht damit, in so unwirtlichen Gegenden auf Frauen zu treffen. Ich gebe zu, dieser Gedanke ging vielleicht ein bisschen weit und würde den ausgesprochen freundlichen

Dänen doch ein wenig zu nahe treten. Vermehrung musste ja stattgefunden haben, um genug Ausscheidungen zu produzieren, aufgrund derer wiederum zu viel faul geworden war im Staate Dänemark. Meistens sind ja Menschen der Hauptgrund für Klärungsbedarf. Aber zumindest war die Wahrscheinlichkeit gering, auf der Kläranlagenbaustelle Frauen zu treffen. Und wesentlich mehr als diese Baustelle habe ich in den vier Wochen auch nicht gesehen.

Nun möchte ich vorab, nun ja, klären, dass der Job zwar erst mal beschissen klingt, aber die Scheiße, also im Sinne der tatsächlichen Exkremente, ja erst eintraf, nachdem wir unseren Job beendet hatten. Wir waren nur die Wegbereiter. »Nach uns die Sintflut« ist in diesem Fall wohl der treffende Ausdruck. Während der Arbeit waren wir so gut wie allein, die groben Arbeiten, wie Zement gießen und unterirdische Zu- und Abflüsse legen, waren bereits getan, und wir installierten den Rest, bevor zu guter Letzt der Hahn geöffnet wurde. Im Vergleich zu meinen Entrümpelungsarbeiten zuvor war das Ganze also eine Tätigkeit im sterilen OP mit Anklängen von Reinsträumen. Nur der Vollständigkeit halber, Reinsträume sind die Räume, in denen alle mit weißen Overalls und Duschhauben herumlaufen. Wir trugen zur Arbeit grüne Overalls mit fellgefütterten braunen Westen, ganz so wie Wikinger in grünen Overalls mit fellgefütterten braunen Westen, nur eben ohne gehörnten Helm. Dafür hatten wir warme Handschuhe.

Aber abgesehen von den modischen Aspekten: das Prinzip, dass etwas schmutziger klingt, als es ist, kennt man ja nicht nur vom Sex (den ich noch nicht kannte). Wem alles harte Arbeit oder Heldentum oder »durch die Scheiße gehen« unterstellt wird, und wer es tatsächlich macht, das sind ja oft mehr als zwei Paar Schuhe. Man denke allein an all die Fußballvereine, die sich gerne mit dem Wort »Arbeiterverein« schmücken und bei denen, von den Fans abgesehen, viele noch nie in ihrem Leben Arbeit von innen gesehen haben.

Wir hingegen kamen uns beinahe vor wie Männer auf einer Ölbohrinsel. Ich weiß nicht genau, warum, schließlich wusste ich von Ölbohrinseln nicht mehr, als dass man dort in Videotheken ausgeliehene Kassetten oder DVDs nicht ohne Genehmigung abspielen darf. Das kann man im Vorspann der Filme lesen, der Grund dafür ist wohl der Kopierschutz oder auch die drohende Feuergefahr. Vielleicht befürchtet man, die Ölarbeiter wollen sich – wie ich – Filme auch immer bis zum Ende ansehen, egal was gerade passiert.

Jedenfalls gingen wir ans Werk und begannen die Kläranlage zu installieren. Ich schraubte hauptsächlich Flansche an und bin heute noch froh, durch diese Tätigkeit zu wissen, was ein Flansch ist, denn ich mag das Wort Flansch. Weil es technisch ist und sich auch so anhört, aber gleichzeitig sympathisch klingt: Flansch. Für die, die nicht wissen, was ein Flansch ist: Ich werde es nicht verraten! Es gibt Wissensvorsprünge, die man sich bewahren sollte.

Flansch.

Entschuldigung.

Außerdem wurden lange Luftleitungen verlegt, was mit dem Prinzip dieser Art Kläranlage zusammenhing. Denn dort wurde nicht irgendeine Art Chemie in die verdreckte Brühe gekippt, wie man das aus dem Kinderbecken des Schwimmbades kennt. Nein, dem verdreckten Wasser wurde von unterhalb der Oberfläche einfach Luft zugespielt und dann wieder keine Luft, was unter der Wasseroberfläche natürlich relativ einfach zu bewerkstelligen ist, und durch diese Abwechslung siedelten sich Bakterien an. Die wiederum hatten dann Hunger auf Dreck und klärten das Wasser. Das ist jetzt natürlich grob vereinfacht, vor allem aus patentrechtlichen Gründen. Ich vermute, im Kinderbecken des Schwimmbads könnte man mit dieser Methode auch nichts ausrichten, aber es klärt zumindest Abwässer bis zur Trinkwasserqualität.

Da Bakterien etwas sind, was ebenfalls dem Bereich des Drecks zugerechnet wird, könnte man nun sagen, dass hier Wasser gereinigt wird, indem man es auf eine andere Art und Weise verunreinigt. Das leuchtet ein, denn wenn man Liebeskummer hat, geht er ja auch nur dann weg, wenn man eine gewisse Zeit lang traurige Lieder hört und Dostojewski liest.

Sauberes Wasser ist zudem ganz grundsätzlich gesellschaftlich eine wichtige Aufgabe, deren Bedeutung mir bewusst war. Schon meine Oma hatte mir immer gesagt:

»Wasser wird mal wichtig.«

Sie hat nie genau gesagt, für was es wichtig wird, nur »Wasser wird mal wichtig«. Doch ich kannte ihren Tonfall genau und konnte gut unterscheiden, ob sie etwas nur sagte, um es zu sagen, oder weil es eng wurde. Dann musste man auf der Hut sein, weil es dann nämlich richtig ernst war. Deshalb nehme ich seither mit größtem Nachdruck an, dass Wasser mal wichtig wird.

Wenn man sich einmal hineinbegibt in die Materie, besonders wenn man Tag für Tag acht bis zehn Stunden daran schraubt, dann merkt man, dass es sich beim Klären generell um eine sehr philosophische Tätigkeit handelt.

Muss sich eine Gesellschaft nicht letztlich an ihrem Abfall messen lassen? Denn das ist es ja zuvorderst, was sie hinterlässt. Erfährt man über jemanden nicht genauso viel, wenn man seinen Müll durchforstet, wie wenn man seine Einrichtung begutachtet? Ich hatte, als ich mal mit Freunden in Urlaub war, auf der Straße einen undefinierbaren kleinen Gegenstand aus Metall und Plastik gefunden. Während ich ihn betrachtete und überlegte, was es sein könnte, kam ein Freund hinzu und fragte, was ich da gefunden hätte. Ich sagte:

»Das ist das Ding, was man wegschmeißt, wenn man's findet«, und warf es weg. Am nächsten Tag habe ich es in zwanzig Metern Entfernung wiedergefunden und anschließend ein Jahr lang als Halskettenanhänger getragen. Man muss dazu sagen, meine Freunde waren, was Halsschmuck meinerseits betraf, einiges gewohnt, seit ich in der Zoohandlung ein Hundehalsband probiert und anschließend ebenfalls knapp ein Jahr getragen hatte. Was ich damit meine: Kommt vielleicht wirklich alles, was man wegwirft, irgendwann zu einem zurück?

Und noch ein Gedanke: Wenn man mal auf etwas geschissen hat, heißt das nicht, es ist für immer weg oder unbrauchbar. Man muss die eigene Scheiße aus der Sache rausklären, dann ist es wieder gesund. Ein nicht uninteressantes Prinzip, gerade für das Berufsleben. Wenn ich also meinen Berufswunsch von dem befreien könnte, was ihn mir verleidet hatte, wäre es wieder das Richtige. Das freute und motivierte mich so lange, bis mir einfiel, dass ich ja noch gar keinen Berufswunsch hatte. Aber andererseits hatte ich auch keinen Berufswunsch wirklich entsorgt oder geklärt, außer beim Thema Berufssoldat, so dass noch alle Möglichkeiten da waren. Was, wenn man ehrlich ist, die Sache auch nicht gerade vereinfacht.

Wie man unschwer hören kann, hatte ich sehr viel Zeit zum Nachdenken, trotz Vollbeschäftigung. Auch abends. Wir waren in Gastzimmern auf einem Bauernhof untergebracht, der von einem sehr alten dänischen Ehepaar bewirtschaftet wurde. Wollen wir sie Philemon und Baucis nennen, wegen ihrer Gastfreundschaft. Abends bekochten sie uns, und das mit Mengen, die jeder Kantine zur Ehre gereicht hätten. Es ist jenseits der Vorstellungskraft, wie viel man essen kann, wenn man zehn Stunden an der nordischen Freiluft arbeitet. Ich glaube deshalb, dass ein Großteil der Raubzüge und Reisen der Wikinger auf die Suche nach Essen zurückzuführen ist. Daher wahrscheinlich auch die schlechte Laune der Nordmänner, wenn sie irgendwo eintrafen. Ich selbst bin am schwierigsten, wenn ich nach einem langen Tag Hunger habe.

Aber selbst bevor das Essen gereicht wurde, war es vollkommen unmöglich, schlechter Dinge zu sein, denn Philemon und Baucis strahlten eine Ruhe aus, die ich noch nie zuvor erlebt hatte. Sie waren wie ein Bauernpärchen in einem russischen Märchen, liebevoll, höflich und von einer tiefen Melancholie umgeben, die perfekt zu ihrer Harmonie passte. Aus der jungfräulichen Sicht von damals wirkten sie ein wenig bieder, aus heutiger Sicht vermute ich, so ein wissendes Lächeln in den Augenwinkeln bekommt man nur, wenn man genau weiß, wie man die Hütte zum Wackeln bringt.

Da beide so gut wie kein Deutsch sprachen und niemand von uns des Dänischen mächtig war, fand auch keine Unterhaltung in dem Sinne statt, außer Zulächeln und Nicken. Bis auf den einen Abend, als uns die beiden ins Wohnzimmer holten, was noch nie vorgekommen war. Wir saßen eigentlich immer nur am Esstisch, redeten manchmal noch ein wenig und gingen dann in unsere Zimmer. Gespannt folgten wir den beiden, und dann saßen wir da, zwei Ingenieure, mein Kumpel, Philemon, Baucis und ich, und verfolgten im dänischen Fernsehen den Fall der Berliner Mauer. Angeblich wirken die Dinge ja kleiner, wenn man weiter entfernt ist, in diesem Fall war es umgekehrt. Und für einen Kläranlagenmonteuer war es ein absolut folgerichtiges Ereignis. Den Menschen dauerhaft in seinem Freiheitsdrang zu beschneiden, und ich rede hier nicht nur von Reisefreiheit, kommt wohl dem Versuch gleich, durch ständiges Klären aus Wasser etwas anderes als Wasser zu machen. Man kann Wasser zwar verschmutzen ohne Ende, aber mehr auch nicht.

Wir haben an dem Abend zusammen viel Bauernschnaps getrunken und uns bis spät in die Nacht unterhalten, über viele grundsätzliche Dinge. Seltsamerweise gibt es für diese Art Gespräche keine Sprachbarrieren.

Von diesem Ereignis angestachelt, regte sich auch in mir der Freiheitsdrang, denn Freiheit ist ja immer auch die Freiheit der geschlechtlichen Annäherung. Und im Gegensatz zum Erspüren der historischen Dimension des Mauerfalls spielte, was mich und Frauen betraf, die Entfernung durchaus eine Rolle. Es drängte mich also wieder zurück in die Zivilisation.

Sogar ein freier Tag am Meer brachte keine Erleichterung, im Gegenteil. Ohne dem Tourismusbüro Dänemarks zu nahe treten zu wollen, konnte ich angesichts des oktoberlichen skandinavischen Strandes verstehen, warum die Wikinger sogar verreisten, *wenn* sie vorher gegessen hatten.

Diese Gedanken trübten meine Konzentration ein wenig, was zu dem einzigen gröberen Fehler führte, den ich bei meiner Arbeit machte. An einem der Schaltkästen, die die Anlage steuerten, war ein Schild verlorengegangen, ein paar Zentimeter groß, etwa wie ein Klingelschild. Also habe ich es nachbestellt. Nach einigen Tagen traf eine Sendung ein, die vom Bahnhof abgeholt werden musste. Ich fand ein zimmertürgroßes, in Holz verpacktes Teil vor, das bequem den gesamten Schaltkasten überragte und auf dem man noch aus einem Kilometer Entfernung lesen konnte:

»Verdichter 1«.

Ich hatte bei der Bestellung die Maßstäbe verwechselt. Zu große Schilder sind also eher wie Unfreiheit. Je näher man vor ihnen steht, desto mehr fällt einem ihre Größe auf.

17 kurier

Rechtzeitig zu Semesterbeginn kehrte ich zurück und beschloss, nun meine Ausbildung auch akademisch voranzutreiben. Ich schrieb mich für Englische Literaturwissenschaften an der Universität ein. Danach studierte ich das Vorlesungsverzeichnis, während ich weitere drei Monate als Lagerist arbeitete, schließlich gab es immer noch Schulden zu begleichen. Doch dann spürte ich, wie es mich aus dem Kellerlager wieder ans Licht zog, hinaus in die Weite. Ich wurde Kurierfahrer. Den Tipp hatte ich von meinem Bruder gekriegt, der immer schon ein Händchen dafür hatte, mir bei Geldsorgen aus der Patsche zu helfen. Ich war ja eigentlich der Ältere, aber Alter schützt vor so vielem nicht.

Das Kurierfahren hatte zunächst mal den Vorteil, ein Auto gestellt zu bekommen. Ich war also mobil. Zwar hat man nach acht Stunden Autofahren nicht mehr ganz so den Drang nach Mobilität, trotzdem fühlt man sich mit Auto flexibler. Um es gleich vorab zu sagen, das Kurierfahren war keine einfache Tätigkeit, vor allem weil die Erfindung des Navi zwar schon stattgefunden hatte, aber die Nutzung noch dem amerikanischen Militär vorbehalten war. Getröstet wurde ich dafür mit einem echten Autotelefon. Das war eine

Sensation, so etwas hatte damals der Außenminister im Auto und vielleicht ein paar Milliardäre, aber sonst fast nur ich. Ich habe es auch eigentlich nie genutzt. Die Gesprächsminute kostete mehr als ein vertragsloses Handy, was es damals allerdings ebenfalls nicht gab. Aber man konnte mich im Auto anrufen, wenn man das gewollt hätte. Das Telefon hatte die Größe eines Aktenkoffers und wog so viel wie ein Amboss, die Antenne nicht mitgerechnet.

Doch zurück zu den Tücken des Berufs. Da gab es zwei.

Zum einen ist Kurierfahren eine der Verrichtungen, die gelebtem Buddhismus am nächsten kommen. Wenn man sich für diese Sichtweise entscheidet. Die Alternative dazu ist das Ausbilden eines Herzfehlers und ein zunehmendes Infarktrisiko. Denn es gibt nichts auf dieser Erde, was einen ähnlich aggressiv machen kann wie Autofahren unter Zeitdruck. Das liegt nicht nur an böswillig angebrachten Verkehrshindernissen wie Ampeln, Einbahnstraßen und ein beschrankten Bahnübergängen, sondern vor allem an dem schrecklichen Übel, das unter dem Deckmantel der harmlos klingenden Beschreibung »andere Verkehrsteilnehmer« sein Unwesen treibt. Man fährt ja jeden Tag ähnliche Strecken, kennt also sein Revier zunehmend, weiß, welche Ampeln wie geschaltet sind, wann wo Stau ist, und welche Kurve welche Geschwindigkeit erlaubt. Zudem hatte ich mein Geschick mit Autos schon mit zwölf bei meinem EDV-Job unter Beweis gestellt.

Doch dann wird in dieses sorgfältig austarierte System, das manchmal fast das absolute Äquilibrium erreicht, eine Unmasse an Autofahrern, Radfahrern und Fußgängern gekippt, deren einzige Aufgabe es ist, zu provozieren oder Unfälle zu verursachen. Das Schlimme ist, wenn man gegen Geld fährt, will man schnell fertig sein, und bei Kurieren gibt es kein

Taxameter, das auch im Stau weiterläuft, da gelten Fixpreise. Das heißt, wenn man in einer Landstraßensituation am Stadtrand ist, ohne Schleichwegmöglichkeit und bei Gegenverkehr, und vor einem biegt ein Zweihunderter-Mercedes aus einer Hauseinfahrt, mit einem Insassen, dessen Pepitakopfschmuck verrät, dass das Kriegsbeil ausgegraben wurde, weiß man, der Ernstfall ist eingetreten. Sofortiges Anbremsen ist hier Pflicht. So ein Fahrer biegt in die Straße ein, ohne zu schauen, weil es seiner Meinung nach *seine* Straße ist und immer war, und er wird niemals schneller als 45 km/h fahren, weil er sein Reich inspizieren und wahrscheinlich auch während der Fahrt markieren will. Der eigene Puls schnellt auf hundertachtzig, und wenn man dann daran denkt, wie viel Zeit das kosten wird, bleibt nur Cholerik und unkontrolliertes Rumgebrülle im eigenen Auto. Oder eben der Buddhismus. Ich war schon nach drei Monaten so weit, dass ich Rechtsabbiegern, die das Auto erst zum Stillstand bringen und dann den Blinker betätigen, mit einem entspannten Lächeln den Mittelfinger zeigen konnte. »Om mani padme hum«, wie der Tibeter sagt, was so viel bedeutet wie »Kreisverkehr ist auch keine Lösung«. Das ist natürlich nicht wahr, tatsächlich soll dieses Mantra eine Grundhaltung des Mitgefühls zum Ausdruck bringen, den Wunsch, dass alle Lebewesen sich mittels Erleuchtung aus dem Kreislauf der Wiedergeburt befreien, weil das nicht zuletzt die Anzahl der Verkehrsteilnehmer reduzieren würde.

Die andere große Herausforderung des Kurierfahrens ist ein mathematisches Problem. Denn eine der komplexesten rechnerischen Aufgabenstellungen ist das in Mathematikerkreisen sagenumwobene »Travelling Salesman Problem«, das »Außendienstlerproblem«. Hierbei geht es darum, zu ermitteln, was die schnellste Strecke ist, wenn jemand, sagen wir mal, dreißig verschiedene Orte anfahren muss, die aber nicht einfach auf einer langen Straße hintereinanderliegen, sondern wild verteilt sind. Da gibt es rechnerisch so unfassbar viele Möglichkeiten, dass man zu keiner eindeutigen Lösung gelangt, vor allem wenn noch weitere Faktoren hinzukommen, so wie Baustellen, Stauwahrscheinlichkeit und »wo gibt es die beste Brotzeit, und bis wann muss man dort sein, bevor die Brotzeit nur noch Durchschnitt ist«. Als Kurierfahrer wird man also täglich dazu gezwungen, ein Problem zu lösen, woran sich Generationen von Mathematikern die Zähne ausgebissen haben, sofern sie welche hatten. Und auf der Straße ist es wie in den Berechnungen, manchmal ist die Lösung gut, manchmal nicht. Das Leben ist ein langer Fluss, in dem man an heißen Tagen auch noch baden gehen kann – sofern man eine gute Route gewählt hat.

In meine Zeit als Kurierfahrer fiel auch ein weiteres Ereignis, das lange herbeigesehnt wurde und sich zwischenzeitlich zu einer anderen Art Travelling Salesman Problem ausgeweitet hatte. Nämlich: »Wenn man den ganzen Tag unterwegs ist und abends eine begrenzte Zeit an beliebig vielen möglichen Orten für eine sehr begrenzte Anzahl an begehrenswerten Frauen hat, wo soll man sich mit wem treffen, um auch mal Sex zu haben?« Ja, irgendwas am Postwesen im weitesten Sinne (Kurierfahren und Briefesortieren sind sich verwandt) schien meine Hormone anzuregen. Ich denke, das geht mir nicht allein so, Goethe beispielsweise war ja ebenfalls ein Schwerenöter vor dem Herrn, und wenn er auch selbst keine austrug, schrieb er doch Briefe ohne Unterlass. Vielleicht hatte ich aber auch nur *Wenn der Postmann zweimal klingelt* einmal zu oft gesehen. Dabei hätte ich eigentlich wissen sollen, manche Päckchen brauchen länger, aber irgendwann kommen sie alle an. So auch meines. Ich hatte mein erstes Mal, und es war sensationell, und – Herz, was willst du mehr – noch dazu skandalös.

Nach Dänemark hatte ich beinahe eine kurze Liaison gehabt, die wieder mal am Timing scheiterte, weil ich mich verguckt hatte, sie nicht wollte, ich mich dann zunehmend entfernte, was zunehmend anziehend auf sie wirkte, so dass sie sich ihrerseits, als der Zug endgültig den Bahnhof verlassen hatte, in mich verguckte. Wir haben uns dann auf ihren Wunsch hin eine Weile nicht gesehen. Erst als die Wunden einigermaßen verheilt waren, lud sie mich zu ihrem Geburtstag aufs Land ein. Inmitten der Festgesellschaft war auch ihre beste Freundin, die ich nur dem Namen nach kannte. Wollen wir sie Europa nennen, weil sie den Stier in mir weckte. Wir haben den ganzen Abend geflirtet, allerdings körperlich völlig zurückhaltend, weil sie einen Freund hatte, dessen versammelter Freundeskreis ebenfalls anwesend war, und aus Rücksicht auf die Gefühle der Gastgeberin. Bei einem spätnächtlichen Würfelspiel dann waren wir am Rande unserer Contenance angelangt. Regelmäßig fielen uns, wie ungeschickt, die Würfel vom Tisch. Wir beugten uns hinunter, und während der Suche nach den kleinen gepunkteten Schelmen küssten wir uns feurig und heimlich.

Das bekam aufgrund des allgemeinen Pegels noch niemand mit. Irgendwann dann waren alle außer uns im Bett und Polen weit offen. Wie zwei Ertrinkende auf der Suche nach einem Rettungsring fahndeten wir nach einer Liegegelegenheit oder einem Zimmer, in dem nicht bereits jemand lag. Schließlich entdeckten wir in höchster Not eine Matratze, die wir in den Gang warfen und auf der wir übereinander herfielen wie zwei Rudel ausgehungerter Wölfe. Die Natur ist schon eine großartige Sache. Ich hatte erst am nächsten Tag Zeit, nervös zu werden. Was mir auffiel, war die Tatsache, dass am Frühstückstisch alle irgendwie seltsam gedämpft wirkten. Vielleicht der Kater, überlegte ich. Wie sich auf der Heimfahrt mit einem Kumpel herausstellte, war es jedoch so, dass sich nicht nur das Zimmer der Gastgeberin direkt neben der Matratze und somit in bester Hörspiellage befand, auch die beste Freundin ihres Freundes verbrachte wohl geraume Zeit damit, auf die Toilette zu wollen, sah jedoch wegen des Geräuschpegels im Flur vom Verlassen des Zimmers ab. Letztlich haben wohl alle an unserem Ereignis teilgenommen. Leider bekam dann Europa den Großteil des Volkszorns ab, auch wenn ich als Zeuge für höhere Gewalt, Unzurechnungsfähigkeit und Handlung im Affekt gerne mehr auf mich genommen hätte. Ich war so gut gelaunt, dass ich das Gefühl hatte, alles aushalten zu können. Ich wäre damit umgegangen, wie ich es auch mit meinem Teil der Schelte getan habe, mit einem Ruhepuls von hundertachtzig und buddhistischer Gelassenheit. Ich fühlte mich durch und durch kuriert.

18 student

Die aufregende Geschichte mit Europa dauerte nur kurz. Nachdem wir uns in den folgenden Wochen viermal trafen, um uns zu versichern, es könne nichts werden mit uns, und uns dabei irgendwie immer wieder im finst'ren, aber betörenden Wald verliefen, versuchten wir es ein paar Tage miteinander, fuhren aber kurz darauf dummerweise getrennt in Urlaub. Als sie wiederkehrte, war sie wieder mit ihrem Freund liiert, der ihr inzwischen verziehen hatte. Habe ich schon erwähnt, dass Timing nicht zu meinen Stärken gehört?

Ich habe sie nach Jahren noch einmal wiedergesehen, und wenn ihr damaliger Freund nicht nach Hause gekommen wäre, hätte sich die ganze Geschichte wohl wiederholt. Ich würde heute noch nicht meine Hand für mich ins Feuer legen wollen.

Aber der allgemeine Rückenwind dauerte an, ich zahlte meine Schulden zurück und fand, nun sei es an der Zeit, mir den tatsächlichen Beruf, das, was ich bis an mein Lebensende tun würde, auszusuchen.

Als Erstes würde ich studieren, das taten alle, und meine Eltern stellten dafür auch Gelder sowie reichlich Wohlwollen in Aussicht. Viele meiner Kumpel hatten ebenfalls schon damit angefangen. Aber was? Englische Literaturwissenschaften, das traf es noch nicht, dessen war ich mir gewiss, obwohl ich keine einzige Vorlesung besucht hatte oder vielleicht auch genau deshalb. Wieso auch einer Vorlesung über Bücher lauschen, die man bequem zu Hause lesen kann? Eben.

Alles wollte sorgsam durchdacht sein. Was war es, was alle meine bisherigen Aktivitäten gemeinsam hatten, was verband sie? Reiselust, Tiere, Exotik, Geldbedarf, da war so vieles, sogar die Freude am Norden. Folgerichtig schrieb ich mich also zum Wintersemester an der Stirling University in Schottland ein, um dort die Fächerkombination Biologie/Management Science zu studieren. Als Nebenfach wählte ich konsequenterweise Japanisch, wie jedem einleuchten muss, der mir bis hierhin gefolgt ist. Und seit ich zum Abitur meine Facharbeit in Englisch über Whisky verfasst hatte, war mir Schottland ein Bruder im Geiste. Ich würde also nicht nur Zoologe werden, sondern würde auch wissen, wie man das vermarkten kann, bis hin nach Japan, wo man ja bekanntlich Whisky schätzt.

Ein neues Abenteuer stand bevor, ich wurde akademischer Highlander. Und das nur wenige Hundert Meter von der Stelle entfernt, wo Robert the Bruce die Entscheidungsschlacht um die schottische Unabhängigkeit gewonnen hatte. Gleich zu Beginn des Semesters galt es, noch das reichhaltige Freizeitangebot der Uni – in Schottland, wie in England auch, lebt man ja erst mal auf dem Campus – zu nutzen. Für die Freizeitangebote musste man sich bei Semesterbeginn einschreiben. Als Ergänzung zu den gewählten Fächern wurde ich also einziges europäisches Mitglied der »African Society«, einer Vereinigung der in Stirling studierenden Afrikaner und Einwohner der Karibikstaaten. Außerdem trat ich der Unimannschaft für American Football bei. Damit, so hoffte ich, wäre das eine oder andere Interessengebiet abgedeckt und für Abwechslung gesorgt.

Das Gelände der Uni war sensationell, ein direkt am Fuß der Highlands gelegener Park, mit einem See in der Mitte, drei Kneipen, zwei Konzertsälen und Einkaufsgelegenheiten. Auch die Einheimischen waren freundlich, wenn man ihre anfängliche Reserviertheit überwand. Ich erinnere mich noch an den ersten Kontakt mit einem riesigen Schotten, der in einem der Pubs auf mich zutrat und bedrohlich fragte, woher ich denn käme. Auf meine zögerliche Antwort hin, Deutscher zu sein, entspannte er sich, klopfte mir auf die Schulter und meinte, es täte ihm leid, so grimmig dreingeblickt zu haben; er hatte gedacht, ich sei Engländer. Daraufhin bestellte er mir ein Bier.

Diese Begebenheit soll auch die Warnung unterstreichen: Wanderer, kommst du nach Schottland, dann bezeichne niemanden, den du triffst oder nicht verstehst, was bei Schotten durchaus passieren kann, voreilig als Engländer. Tu es einfach nicht! Der Überbegriff »England« wird nur hier in Deutschland als die Zusammenfassung von England, Wales, Nordirland und Schottland verwendet. Nicht mal in England macht man das. Jedes der genannten Völker legt größten Wert auf seine Identität, nicht nur beim Fußball. Und gerade der Schotte neigt dazu, sich nach wie vor als zu Unrecht von den Engländern fremdregiert zu fühlen.

Ich aber fühlte mich sehr schnell wohl, die Stimmung war wie auf einer guten Feier, vielleicht auch weil die meisten anderen direkt von der Schule kamen und das erste Mal von zu Hause weg waren. Es herrschte eine allgemeine Landschulheim-Atmosphäre. Ich tauchte in die Stimmung ein, sowohl akademisch als auch in der Freizeit.

Meine Begeisterung äußerte sich farbenfroh. Aus Freude darüber, dank der Chemievorlesungen endlich ein altes Trauma überwunden und etwas verstanden zu haben, nämlich das mysteriöse Prinzip vom Mol und Avogadros Zahl, habe ich meinen Laborkittel mit einer großen Comiczeichnung versehen, einer Inschrift wie auf einem Magazincover, die besagte: »The Amazing Moleman vs. The Avogadro Gang«. Ich trug den Kittel so stolz wie das Cape eines Superhelden, und sogar die Professorin musste mir Respekt zollen.

Von diesem Erfolg übermütig gestimmt, erzählte ich einige Tage später einem Bassisten, dessen Band einen Sänger suchte, meine Stimme wäre so ähnlich wie die von David Bowie. Nachdem ich immer noch nicht Gitarre gelernt hatte, schien das eine vernünftige Alternative, um endlich in die Musikbranche einzusteigen. Ich hatte zwar noch nie gesungen und keine Ahnung, was ich da tat, aber ich hatte Bowie immer schon gemocht, und manchmal muss man ja etwas einfach in den Raum stellen. Danach merkt man dann schon, ob man der Aufgabe gewachsen ist oder auch nicht, wie in meinem Fall. So kann ich mit Stolz behaupten, wegen Unvermögens schon nach drei Wochen aus einer schottischen Studentenpunkband gefeuert worden zu sein. Wenn das keine Poesie im Sinne des Punk ist … dann gibt es vielleicht gar keine.

Die Band hieß übrigens Tangled Kanga, was so viel bedeutet wie Tangled Kanga. Der Gitarrist war der Bandleader, und sein Lieblingsalbum war *Sympathy for the Devil* von Laibach, ein epochales Werk, auf dem acht verschiedene Coverversionen von – man vermutet es schon – »Sympathy for the Devil« zu bestaunen sind.

Ich hoffe, diesen Zeilen ist zu entnehmen, wie sehr einen das Studium auf das Wesentliche fokussieren kann.

Mein Hunger zu lernen war jetzt gründlich geweckt. Ich freundete mich mit einem Rastafari aus Grenada an, der mir unter anderem beibrachte, dass »Red Stripe« für Rastas das Bier der Wahl ist und dass man die gehäkelte Mütze, unter der die Zöpfe getragen werden, »Crown«, also »Krone«, nennt. In Biologievorlesungen lernte ich, dass die Mitochondrien die Kraftwerke der Zelle sind, aber das wusste ich schon aus der Schule. Management Science und Japanisch stand erst im zweiten Semester an, so dass ich mich auf American Football konzentrierte und darauf, Land und Leute kennenzulernen.

Beispielsweise den Sohn eines Großgrundbesitzers, den ich mehrfach in den Highlands besuchte, wo ich auch einige sehr fröhliche Abende mit dem Schäfer des Gutes und seiner Frau verbrachte und viel mit den Hütehunden spielte. Da meine Familie väterlicherseits immer aus Schäfern bestanden hatte, lag es mir wohl im Blut, und ich fand die Vorstellung, über Hochmoore und von Heidekraut bewachsene Hügel zu ziehen, sehr ansprechend. Dort lassen sich Eremitentum und akademische Weihen verbinden; und so wohnte zweihundert Meter von den Wohnstätten meines Kumpels und des Schäfers entfernt im Schatten eines Stausees ein siebzigjähriger Schotte, für den der Ausdruck »Kauz« miterfunden worden war. Er war extrem vorsichtig Menschen gegenüber und erinnerte in seinem Gebaren, wenn man ihn nicht kannte, an den schönen Satz von Goscinny »Ich hab nichts gegen Fremde, aber diese Fremden sind nicht von hier«. Wenn er jemanden leiden konnte, dann fertigte er ihm als ultimative Auszeichnung ein Paar Schuhe an. Selbst genähte Schuhe, die so stabil waren, dass sie die Pyramiden überdauern konnten. Dieser Mann war außerdem über Schottlands Grenzen hinaus bekannt als einer der absolut größten Kenner des Werkes von Robert Burns, dem schottischen Nationaldichter, dessen sämtliche Werke er in- und auswendig kannte und über den er als gerngesehener Gast bei Fachtagungen und auf Soireen Vorträge hielt. Und das, ohne jemals Englische Literaturwissenschaften studiert zu haben. Was in seinem Fall allerdings auch an dem Wort »Englische« gelegen haben mag.

Ich war fasziniert davon, was man alles lernt, wenn man studiert. Auch im American Football lief das Training gut, und ich lernte das Spiel, das ich in Pensacola zu schätzen begonnen hatte, noch intensiver kennen. So ein paar blaue Flecken können Wissen regelrecht zementieren.

In der Biologievorlesung drangen wir inzwischen in den Zellnukleus ein, was ich ansatzweise auch schon aus der Schule kannte.

Also wandte ich mich dem Studium der Pubkultur zu. Insbesondere ein Pub auf dem Campus hatte es mir angetan. Maisie's, von einer siebzigjährigen Schottin betrieben, die nicht nur optisch die Schwester des Robert-Burns-Spezialisten hätte sein können. Es hätte mich nicht gewundert, wenn sie sich als eine der größten Koryphäen der Charles-Dickens-Rezeption entpuppt hätte. Bei Maisie's war jeden Sonntag offene Bühne, auf der die Studenten ihre musischen oder komödiantischen Talente ausleben konnten. Das war ein sehr vergnüglicher Abend, sowohl was das Können einiger als auch das Unvermögen anderer betraf. Und da Castingshows damals unbekannt waren, gab es sonst nur wenige Gelegenheiten, Menschen bei der öffentlichen Zurschaustellung von Unvermögen beizuwohnen. Mangels der Beherrschung eines Instruments und wegen nachgewiesener stimmlicher Unzulänglichkeit fasste ich irgendwann den Beschluss, zumindest als Stand-Up-Comedian Talent zu beweisen. Zu diesem Zeitpunkt war der Beruf »Stand-Up-Comedian« in Deutschland völlig unbekannt, hierzulande kannte man zu dem Zeitpunkt neben dem politischen Kabarett nur Witzbolde, Ulknudeln und die gefürchteten Humoristen.

Dann begann, zeitgleich mit der RNA-Protein-Synthese, die American-Football-Saison. Das erste Spiel verloren wir mit fliegenden Fahnen. Außerdem stand nun die erste große Biologieklausur ins Haus. Als ich unmittelbar vor der Prüfung gramgebeugt, wie ich das in der Schule gelernt hatte, auf den Rastakumpel traf und ihm mit kaum hörbarer Stimme von der bevorstehenden Mühsal erzählte, grinste er mich nur fröhlich an und meinte:

»Well, that's what you're here for. Kick it!«

Ich fühlte mich erst mal gänzlich unverstanden, aber da er zehn Jahre älter war und einige Jahre auf das Studium gespart hatte, ließ ich dem Gedanken Zeit, zu sacken. »Deswegen hier zu sein« erschien mir übertrieben. Doch die Botschaft hat sich für immer eingenistet. Er hatte Recht. Über etwas zu klagen, was für ihn ein Privileg war und was ich mir zugegebenermaßen selbst ausgesucht hatte, war ein wenig jämmerlich. Die Klausur hat dann sogar Spaß gemacht, inklusive des Resultats.

Aber das Schicksal fährt einem gerne aus unerwarteter Richtung in unerwarteten Momenten in die Seite. Besser gesagt, es sprang mir in die Seite, und zwar beim zweiten Footballspiel der Saison, in Form eines Gegenspielers gleich nach Spielbeginn. Zwar war es unter Adrenalin möglich, bis zum Schlusspfiff ein richtig gutes Spiel hinzulegen, aber schon nach der Heimfahrt war an Gehen nicht mehr zu denken. Eine Meniskusabsplitterung im Knie ist nachhaltig.

So aus dem Verkehr gezogen, verbrachte ich plötzlich viel Zeit im eigenen, kleinen Wohnheimzimmer. Diese nutzte ich gezwungenermaßen dazu, meine Situation zu betrachten – ausnahmsweise einmal umfassender. Ich begann, nicht nur den Moment, sondern auch langfristige Perspektiven ins Auge zu fassen. In einem ausführlichen Gespräch mit einem iranischen Doktoranden der Biologie beschäftigte ich mich erstmals damit, was bei diesem Studium eigentlich inhaltlich alles auf mich zukommen würde. Wie sich herausstellte, schrieb dieser Doktorand seit zwei Jahren an seiner Dissertation im Fachbereich Zoologie. Diese beschäftigte sich mit den Hinterbeinen von afrikanischen Heuschrecken und nahm ihn so ein, dass sie ihm so gut wie keinen Raum für Freizeit ließ.

Das gab mir zu denken. Drei Jahre Heuschreckenfüße. War es das, was ich wirklich von Herzen wollte? Vier Jahre lang Zellinnereien auswendig lernen und dann weitere drei Jahre Heuschrecken? Die Sonne schien auf einmal ein bisschen blasser zu werden. Was vielleicht auch daran lag, dass die Sonne in Schottland im Winter sehr tief steht, erst um neun Uhr aufgeht, bevor es spätestens um vier wieder dunkel ist. Wollte ich denn wirklich mindestens vier Jahre in einem Land verbringen, in dem man um fünf Uhr nachmittags zu Abend isst? Obendrein warf mich das Fortbewegen auf Krücken in meinen erfolgversprechenden Anbahnungen bezüglich der weiblichen Studentenschaft deutlich zurück. Die Mitleidstour funktionierte hier nicht, wahrscheinlich ist bei Highlandern körperliches Gebrechen kein Argument für Krücken.

Meine Zweifel wurden jetzt grundsätzlicher Natur. War ich mit zweiundzwanzig nicht schon ein wenig zu alt für das Landschulheim? All die anderen Studenten wussten ja noch gar nicht, was sie mit ihrem Leben mal anfangen wollten, ich hingegen schon; ich hatte auch schon Erfahrungen gesammelt und wollte selbstbestimmt handeln.

Mir dämmerte: Meine Tage in Schottland waren gezählt. In den heimatlichen Weihnachtsferien wollte ich das Ganze noch einmal überdenken, allerdings hauptsächlich, um gegenüber meinen Geldgebern nicht als zu impulsiv zu erscheinen. Eltern sind da gerne empfindlich.

Bevor ich Schottland verließ, hakte ich noch ein paar letzte Dinge auf dem Lehrplan ab. Ich trat bei Maisie's auf, ein zehnminütiges Gagfeuerwerk, das die ersten dreißig Sekunden auch zündete. Diese dreißig Sekunden waren großartig, der Rest der Rakete ist wohl am treffendsten mit »Rohrkrepierer« umschrieben. Die Bühne war also nicht das meine.

Ferner erlangte ich in einer langen Nacht in den Highlands noch endgültig Gewissheit darüber, wirklich und ausschließlich heterosexuell zu sein. Bei einer Übernachtung mit einem Kumpel von der Uni empfing ich plötzlich Signale, die Kuscheln andeuteten. Und da er jemand war, den man auch nur bei geringstem Interesse nicht von der Bettkante gestoßen hätte, ich aber nur eine starke Faszination für die Zimmereinrichtung entwickelte, deren Begutachtung mich mehrfach zum Aufstehen zwang, war ich mir meiner Einseitigkeit sicher. Der Kumpel selbst war übrigens flexibel und hatte zu der Zeit eine Freundin, die ich auch kannte. Aber in den Highlands kann es eben manchmal so einsam werden, dass sogar der Begriff »Angus the Sheepshagger« in viele schottische Witze und Anekdoten Eingang gefunden hat. Doch bis dorthin reichte meine zoologische Neugier ebenfalls nicht.

Im Nachhinein fand ich es fast schade, mangels Neigung eine Erfahrung ausgelassen zu haben (den Freund betreffend, nicht die Schafe). Aber da kann man nichts machen. Auch Haggis schmeckt nicht jedem, das schottische Nationalgericht, das ich sehr schätze – ein mit Innereien und Hafermehl gefüllter Schafsmagen.

Obwohl mir also mein Studienplan so stimmig und schlüssig erschienen war, kam ich nach den Weihnachtsferien nur noch einmal zurück, um meine Habseligkeiten abzuholen.

Allerdings hatte ich das Gefühl, viel gelernt zu haben. Früher war es ja mal üblich, vor dem eigentlichen Studium an der Universität ein »Studium Generale« zu absolvieren, also ein allgemeinbildendes Studium. Die Zeit in Stirling war meines gewesen. Schade nur, dass ich kein Japanisch gelernt hatte.

Natürlich schmeckte der Abschied ein bisschen nach Niederlage, aber zwei Jahre später sollte ich erfahren, welches Prinzip hinter meinem Scheitern lag und warum es folgerichtig war, das Studium abzubrechen. Es lag an der Meniskusverletzung. Wenn man sein Knie nicht beugen kann, ist es schwer, akademisch voranzukommen.

Ich denke immer noch gerne an die Freunde dort, an die freundlichen Schotten und an den Rastakumpel, und möchte ihnen deshalb nach schottischem Brauch einen Toast ausbringen, mit den Zeilen eines meiner Lieblingslieder, das in England, Schottland, Wales und Irland immer zu Silvester gesungen wird, nämlich »Auld Lang Syne« von Robert Burns:

Should auld acquaintance be forgot
And never brought to min'?
Should auld acquaintance be forgot
And days of auld lang syne?

And there's a haund, my trusty fiere
And gie's a haund o' thine

And we'll tak' ae richt guid wullie-waught
For auld lang syne.

Sollte alte Bekanntschaft denn vergessen sein
Und ihrer nicht mehr gedacht?
Sollte alte Bekanntschaft denn vergessen sein
Und die längst vergangenen Zeiten?

Hier meine Hand, mein treuer Freund,
Und schlag ein mit der deinen!
Und dann lass uns einen ordentlichen Schluck nehmen,
Der alten Zeiten wegen.

19 schauspieler

Leider war niemand bereit, meine erneute Kontemplationsphase als gute Gelegenheit für Sponsoring zu betrachten, wodurch wieder mal Bedarf an Barmitteln entstand. Also sah ich mich nach allem um, was gut bezahlt wurde. Von meinem Bruder erfuhr ich, der bestbezahlte Job als ungelernte Kraft, was aus irgendwelchen bürokratischen Gründen auf mich zutraf, war Leichenwäscher. Aber das war mir dann doch ein wenig zu materialistisch, auch wenn man dort vorwiegend mit Menschen zu tun hat, die sich vom Materiellen gerade wieder wegbewegen.

Eine Freundin erzählte mir von einem Vorsprechen für ein Theaterstück, das recht gut bezahlt war, was im Zusammenhang mit Theater ja keine Selbstverständlichkeit ist, auch wenn ich das damals nicht beurteilen konnte. Der Grund, warum die Worte »Theater« und »bezahlt« in einem Satz so befremdlich wirkten, ist ein vermeintlicher Lehrsatz, den meine Großeltern immer vertreten hatten und dem, wenngleich durch die Siebziger abgeflacht, auch meine Eltern noch ansatzweise anhingen. Er lautete: »Kunst ist brotlos«. Das traf natürlich nicht auf Elvis, seine Erben, Liberace oder die Stones zu, auch nicht auf Robert Redford, Frank Stella oder Will Quadflieg, aber das waren ja auch »die Anderen«. Wobei

»die Anderen« die waren, die im Fernsehen oder in der Presse auftauchten. Wie »die Anderen« jemals zu »den Anderen« geworden waren, wie sie es geschafft hatten, direkt vom Entschluss zum Künstlerdasein dahin zu gelangen, »jemand anders zu sein«, war ein Geheimnis, das meiner Meinung nach seit Anbeginn der Zeit von Generation zu Generation weitergereicht wird. Irgendwann, es muss wohl sein, bevor Eltern zu Eltern werden, nehmen deren Eltern sie beiseite und sagen ihnen:

»Sohn, Tochter, wisset: Wenn euer Kind mal künstlerisch tätig wird, fördert es. Aber wenn es anfängt, das beruflich machen zu wollen, so sagt ihm oder ihr: Das ist aussichtslos! So wie es bei euch aussichtslos war. Denn Künstler werden nur die Anderen. Falls ihr zeitgleich mit dem Entschluss eures Kindes, Künstler zu werden, einen Artikel über euren Sprössling im Feuilleton der *Zeit* lest, euer Kind die Hauptrolle in einem Hollywoodblockbuster bekommt oder im Fernsehen zu sehen ist, dann seid ihr Eltern eines Anderen. Dann mag der Balg in Gottes Namen fortfahren.«

Man muss auch hier vielleicht noch einmal erwähnen: Das war zu der Zeit, als es noch keine Castingshows gab und Talentlosigkeit noch kein Karriereplus war. Heute haben viele Eltern den traditionellen Lehrsatz womöglich vergessen. Ich war mir nicht sicher, ob er überhaupt sinnvoll war. Einerseits ist es gut, Widerstände zu überwinden, andererseits ist Unterstützung schon eine feine Sache.

Jedenfalls ging ich frohen Mutes zu erwähntem Vorsprechen, in der Gewissheit, einen guten Job an Land zu ziehen. Schließlich hatte ich mal bei einem Stück in der Schule, das dann nie geprobt und aufgeführt wurde, vorgesprochen und eine Hauptrolle ergattert. Was also sollte schiefgehen?

Glücklicherweise war ich derart ahnungslos, dass ich weder die Kollegen erkannte, die vorsprachen, noch die Kollegen, die die Rollen bekamen. Es handelte sich – mit einer Ausnahme – um namhafte und großartige Schauspieler. Die Ausnahme war ich, was mir aber nicht weiter auffiel, weil ich die Rolle und somit den Job bekam.

Das Stück wurde im Rahmen eines Theaterfestivals zwei Wochen lang aufgeführt, und es war ein Stück mit vierzehn Schauspielern und einem Zuschauer. So gesehen war ich doppelt froh, eine Festgage zu bekommen. Wenn man das Stück anschauen wollte, bekam man einen Termin im Rathaus, wurde dort zur vereinbarten Zeit von einer Schauspielerin begrüßt, nach zehn Minuten einer weiteren Schauspielerin übergeben, die einen an der Hand nahm und losmarschierte, und dann begann eine Reise über verschiedene Stationen durch die Stadt. Der Text der Schauspieler war vorgegeben, die Zuschauer konnten sprechen, wenn sie wollten, oder auch nicht. Ich teilte mir mit einer Schauspielerin die letzte Station, wir empfingen den Zuschauer in einer U-Bahn-Station und begleiteten ihn die Rolltreppen hinauf bis zu einem öffentlichen Platz, wo er an einem Straßencafé wieder freigelassen wurde und sich mit anderen Zuschauern über die erfahrenen Traumata austauschen konnte.

Das Ganze bedeutete jeden Tag drei Stunden Arbeit und machte wirklich Spaß. Es war natürlich auch Kunst und sehr ehrenwerte noch dazu, das Stück wurde mit Kritikerlob überschüttet und heimste zwei Jahresauszeichnungen der Münchner Presse ein. Streng genommen war ich also »ein Anderer« geworden. Dummerweise hab ich es nicht im Geringsten bemerkt. Ich hatte einfach keinen tiefen Bezug zur experimentellen Kunst. Vielleicht war ich zu jung dafür, wogegen allerdings spricht, dass sich das später nicht wirklich ändern sollte. Manchmal ist Abstraktion okay, aber Hochglanz hat auch was. Ich konnte gut damit leben, Miles Davis während seines gesamten Konzertes nur von hinten zu sehen. Aber ich gebe zu, als ich Nurejew in der Arena von Verona den *Don Quichotte* tanzen sah, war ich schon sehr froh über die glitzernde Kulisse des Zauberwaldes. Gut, damals war ich auch erst elf Jahre alt, aber das Prinzip scheint sich durchzuziehen. Was Kultur im intellektuellen oder experimentelleren Sinne betrifft, bin ich wohl eine Art Forrest Gump, ich erlebe immer wieder besondere Momente, aber mehr als zufälliger Gast.

Mit am meisten faszinierte mich deshalb ein Gespräch am letzten Tag des Theaterstückes, als gerade alles vorbei war. Ich unterhielt mich mit einem Jungen, der an dem Platz, wo wir spielten, wohnte und dort währenddessen immer auf seinem Skateboard trainiert hatte. Er kam auf meine Kollegin und mich zu und fragte, ob wir wirklich eine Sekte seien. Auf unser Nachfragen erzählte er, man wisse im Viertel, dass wir zu einer Sekte gehörten, die sich »Die Auserwählten« nannte, und die jeden Nachmittag arglose U-Bahn-Fahrer bekehren wollte. Leider konnte er nicht sagen, was unsere Kernbotschaft war, das hätte ich natürlich gerne erfahren. Schade, dass wir nicht »Die Anderen« hießen, das hätte gepasst.

Aber seltsamerweise hatte ich durch diese Begebenheit plötzlich Blut geleckt und wollte mehr Kunst. Was Erfolg und Geld nicht erreicht hatten, hatte der Trotz geschafft. Als Außenseiter missverstanden zu werden – genau das weckte meinen Ehrgeiz.

Glücklicherweise hatte ich mich parallel zu meinen Aktivitäten als Schauspieler mit einer jungen Musicaltruppe angefreundet, die sehr erfolgreich in einem Theaterzelt auftrat.

Erfolgreich allerdings mehr im Sinne des Kunstverständnisses meiner Großeltern, also mit euphorischen Zuschauerreaktionen bei gleichzeitigem Lohnverzicht. Es gelang mir jedoch, eine tatsächlich bezahlte Stelle im Büro – einem Wohnwagen, der neben dem Zelt stand – zu ergattern. Ich war für den Vorverkauf zuständig. Nicht direkt künstlerisch, aber direkt am Platze gelegen, und was hätte ich stimmlich bei einem Musical schon ausrichten können, Schauspieltalent hin oder her?

Auch auf anderer Ebene ergaben sich weitere Beziehungen zur Kunst, in diesem Falle zu einer der auftretenden Künstlerinnen. Dieses Leben hatte was, gerade wegen des Zelts und der Arbeit im Bauwagen. Ich überlegte, selbst am Platze wohnhaft zu werden. Es gab einen Wasseranschluss zum Duschen (es war Frühjahr), und eine Dauerparkgenehmigung für Mitarbeiter. Ein Bekannter stellte mir nach Bekanntwerden meiner Pläne auch einen ausrangierten Ford Campingbus zur Verfügung, der eine Schlafgelegenheit bot. Das roch eindeutig nach Freiheit. Als Kind hatte ich die Fernsehserie *Arpad, der Zigeuner* geliebt. Sollte mir solch ein Leben bevorstehen? Weite Hemden und gestreifte Hosen besaß ich bereits. Außerdem ein Motorrad, was heutzutage als Pferd durchging. Ich stellte sofort den Campingbus vor Ort auf und zog mit Teilen meiner Habseligkeiten in selbigen ein. Da in ein solches Auto nicht viel hineinpasst, war in diesem Fall Packen keine umzugsrelevante Problematik.

Ich habe sogar einmal im Bus geschlafen. Aber irgendwie war immer noch etwas zu erledigen, was nur zu Hause ging. Außerdem arbeitete mein Vater auswärts, so dass ich unter der Woche sein Auto benutzen konnte und damit Abend für Abend ins alte Heim und Bett fuhr. Und wenn man den ganzen Tag im Geiste bereits ein Zigeunerleben in Künstlernähe führt, ist es abends eigentlich egal, wo man schläft. In meinem Verständnis war ich ausgezogen, wohnte wild und war eben sehr oft bei mir zu Hause auf Besuch.

Mit der Kunst war es ähnlich, das Musical, eines der Besseren, machte mir immer noch Freude beim Zusehen. Aber das Theaterzelt bot, nomen est omen, auch Theater. Eine Premiere stand bevor, von deutlich höherem kulturellen Wert, zumindest dem Gebaren der Beteiligten nach, speziell dem der Intendanz.

An die rauschende Premiere, die von der Presse ebenfalls heftig belobigt wurde, erinnere ich mich nur noch undeutlich. Ich habe nur noch ein Bild vor meinem geistigen Auge:

Ein beleibter Schauspieler im Lederslip wurde von einer sehr beleibten Schauspielerin unter Rezitieren des Textes ausgepeitscht. Heute ein absolut üblicher Vorgang, den jede zweite Internetseite zu bieten hat. Damals war es für mich ein Grund, nochmal in mich zu gehen. Und als ich dort angelangt war, musste ich zu meinem Bedauern feststellen, dass ich vielleicht doch kein vollwertiges Mitglied »der Anderen« war, nicht mal ein vollwertiger Zigeuner, und dass ich es lieber nochmal mit Studieren probieren sollte.

20 hilfswissenschaftler

Beim Theater hatte ich Inspiration, Sinnlichkeit und auch Freude erfahren. Also nicht direkt beim Theater, aber immerhin lernte ich meine erste richtige Freundin dort kennen. Sie war allerdings gerade auf dem Sprung nach Hamburg, da sie dort nach abgeschlossener Lehre (wegen der Sicherheit) nun Tanz und Gesang studieren wollte, um eine »der Anderen« zu werden. Glücklicherweise traf es sich, dass ich einen Studiengang entdeckte, der mein neues Interesse an Kultur mit wirtschaftlicher Kompetenz und denkerischem Freiraum verband: Angewandte Kulturwissenschaften. Mir gefiel besonders das Wort »angewandt«, weil es viel aufregender klang als beispielsweise »Theoretische Kulturwissenschaften«. Inwiefern Kulturwissenschaften praktisch, also angewandt sind, ist eine andere Frage, die von Menschen beantwortet werden sollte, die sich damit auskennen. Grundsätzlich ist aber in den Begriffen eine Schizophrenie zu erkennen, die auch ein wenig den Geist meiner erneuten Studienzeit kennzeichnet.

Man kann dieses Fach nur in Lüneburg studieren, was insofern nicht unpraktisch war, als Lüneburg sehr nah an Hamburg liegt. Außerdem liegt Lüneburg noch an der Lüneburger Heide, die ein wenig wie Schottland wirkt, wenn man Schottland mit einer großen Bratpfanne flachklopfen würde. Böse Zungen behaupteten damals, ich hätte diesen Studiengang sowieso nur wegen meiner Freundin gewählt. (Das war natürlich völlig aus der Luft gegriffen, es gab jede Menge Gründe, auch wenn sie mir verständlicherweise nicht mehr alle einfallen. Das würde ja auch zu weit führen.) Als wäre ich jemand, der leichtfertig mit seiner Zukunft umgeht und irgendwelche Hirngespinste über eine vernünftige Ausbildung stellt. Und selbst wenn was dran gewesen sein sollte, muss man festhalten, Berufe hatte ich schon einige gehabt, Freundinnen nicht, da muss man eben Prioritäten setzen. Ich bitte allerdings darum, das jetzt nicht als Eingeständnis zu betrachten.

Was nun aber die Schizophrenie betrifft: Grundsätzlich ist ja jede Beziehung eine Form der Schizophrenie. Also der Versuch, aus zwei Persönlichkeiten eine Art Überpersönlichkeit zu zimmern. Und wie bei Schizophrenen wissen ja oft die beiden beteiligten Persönlichkeiten so gut wie nichts voneinander. Was in dem einen oder anderen Fall gar nicht unbedingt von Nachteil sein muss. Man darf ernsthaft bezweifeln, dass Dr. Jekyll das Wissen um Mr. Hyde fröhlicher gemacht hat. Bei uns beiden, also mir und Penthesilea, so wollen wir sie nennen wegen ihres kriegerischen Gemüts und ihres Ehrgefühls, war es nicht so, wir hatten schon eine recht gute Ahnung voneinander. Aber auf unsere äußeren Umstände traf es zu.

Ich studierte in Lüneburg und wohnte in Hamburg. Der Grund dafür war, dass Hamburg einfach größer ist. Oder teurer. Ach, was soll's: weil ich bei der Frau sein wollte und man mit dem Zug nur eine Dreiviertelstunde von Lüneburg entfernt ist, die man gut nutzen kann, um zu lesen oder an die Frau zu denken. Aufgrund der angespannten Wohnsituation teilten wir uns ein Dreivierteljahr lang eine Einzimmerwohnung. Wieder zwei in einem, und in diesem Fall kann das durchaus zur Krankheit ausarten. Es war nur einer kurzen, uns durch uns selbst verordneten Zwangspause nach diesen zehn Monaten zu verdanken, dass die Beziehung weiterging. Bereits nach vier Monaten Zusammenwohnen – und da spreche ich gewiss auch Penthesilea aus dem Herzen – war ich so weit, Sachbücher über die Unzweckmäßigkeit zu schreiben, junge Liebe auf fünfzehn Quadratmetern ohne Trennwände einzusperren. So herrlich es ist, gemeinsam zu schlafen, man muss auch an die Wachphasen denken!

Jeder, der schon einmal miterlebt hat, wie aus einem erwartungsvollen »Spatzl, wann kommst du heim?« in Zeitlupe ein vollkommen enthusiasmusfreies »Bist du schon da?« geworden ist, weiß, wie ernst diese Warnung gemeint ist. Es gibt Dinge, die jeder mal erlebt haben sollte, wie Sex. Dann gibt es Dinge, die man nicht erleben muss, aber kann, wie Drogen. Und dann gibt es Dinge, von denen man einfach immer die Finger lassen sollte, wie das Zusammenwohnen in einem einzigen, zu kleinen Raum. Außer man ist selten zu Hause, weil man auswärts arbeitet, beispielsweise als Wildhüter in Australien.

Das Prinzip der gespaltenen Persönlichkeit setzte sich auch in der Nachbarschaft fort. Direkt über der Einzimmerwohnung war ein älterer Herr beheimatet, den man nur selten zu Gesicht bekam. Wenn man ihn traf, vermied er den direkten Augenkontakt und drückte sich, maximal kurz nickend, im Treppenhaus an einem vorbei. Selbst wenn man es herausforderte und absichtlich laut rief »Guten Tag« (das heimatliche »Grüß Gott« ist in Hamburg zu vermeiden), wirkte er nicht erfreut, sondern eher erschrocken, und huschte, ohne aufzublicken, schleunigst weiter. Dafür konnte man ihn hören, begünstigt durch die Zimmerdecken, welche dank ihrer Leichtbauweise eine hervorragende Akustik boten. Beinahe jeden Abend gab er seine ganz persönliche Version von *Psycho* zum Besten:

Es begann immer mit einer langen, ausgedehnten Stille. Dann hob ein leises, hohes, weiblich anmutendes Lachen an:

»Hihihihihihi!«

Das wiederholte sich, bis es plötzlich in einen lauten Schrei kippte.

»HihihihiUUUUUUUUAAAAA!«

Anschließend kam der Teil mit Text:

»Ich bring dich um, du Schlampe. Ich bring dich um! Da, da, da!«

Und dann folgte das Finale, lautstarke Geräusche heftig gerückter, umfallender und herumgeschleuderter Möbel. Man hatte das Gefühl, der Schrank oder der Stuhl schlüge direkt neben einem zu Boden. Das Ganze wiederholte sich an manchen Abenden zwei- bis dreimal. Wenn ich nicht dabei gewesen wäre, als er die erste Aufführung gab, wäre meine Freundin mit Sicherheit zwei Stunden später wieder in München wohnhaft gewesen. Trotzdem – auch zu zweit waren wir besorgt, um es vorsichtig auszudrücken. Aber unser Vermieter, ein Bekannter, teilte uns fröhlich mit, das sei kein Problem, der Mann wohne nachweislich allein, sei ein wenig krank und spiele immer wieder die Szene seiner Trennung durch. Ich dachte an meine eigene Vergangenheit und befand, ich sei wohl ein psychisch eher stabiler Mensch, zum Glück. Trotz dieser beruhigenden Information konnte man jedoch nicht behaupten, das Gefühl der Wohnlichkeit wäre durch die allabendlichen Szenen nachhaltig gesteigert worden. Zumindest war es uns beiden fortan eine Warnung, denn es zeigte uns auf, was passiert, wenn man sich, ermüdet vom Aufeinanderleben, allzu sehr gehenlässt. Ich habe dann eine gewisse Genugtuung empfunden, als meine Freundin, nachdem ihre Musicalschule begonnen hatte, regelmäßig mit Gesangsübungen zurückschlagen konnte.

Was die Universität Lüneburg betraf, so hatte ich einen Blitzstart, ähnlich wie in Stirling. Die Vorlesungen waren durchaus spannend, auch wenn sie nicht sehr »angewandt« waren. Und es gab sehr schnell Erfolge zu vermelden. Nachdem ich für ein Referat das Buch eines weitestgehend durchgeknallten Engländers, in dem er eine Art eigene Logik beziehungsweise Mathematik entwickelt, zusammengefasst hatte, wurde ich mit einer Ausnahmegenehmigung des Dekanats zum Hilfswissenschaftler befördert, was Erstsemestern normalerweise nicht gestattet ist. Erst ab der Zwischenprüfung nach vier Semestern, so glaubt man, besitzen Studenten die notwendige Reife für diese Aufgabe. Selbige war anfangs auch durchaus spannend, es gab noch zwei weitere Werke zu exzerpieren, und ich hatte Spaß daran, eigene Modelle zu entwickeln, die ich heute selbst mit großer Anstrengung nicht mal mehr im Ansatz verstehe. Aber das gehört zum Studentsein dazu wie Wasser und Brot zum Gefängnis: Dinge zu wissen, die niemand weiß. Außerdem Wörter zu verwenden, die so selten benutzt werden, dass man anhand der Fingerabdrücke darauf feststellen kann, wer sie vorher schon einmal verwendet hat. Und das Wichtigste ist, dabei das Gefühl zu haben, dass die ganze Welt nur aus Idioten besteht, die zu bemitleiden sind, zumindest so lange, bis man mit der Uni fertig ist und selbst das gesellschaftliche Ruder übernimmt, woraufhin dann der Hase endlich in die richtige Richtung läuft. Wenn diese Phase schließlich wieder abklingt, beschleicht einen das bedrückende Gefühl, dass der große Welt-Hase nach Vorstellungen von Studenten läuft, die die besagte Phase nie hinter sich gelassen haben. Meine Beobachtungen bei den einzigen beiden BWL-Vorlesungen, die ich als Pflichtfach besucht habe, stützten diese These. Ich war zu diesem Zeitpunkt, also mitten in der Wichtigmacherphase, unschlüssig, ob ich die allgemeinwissenschaftliche Physik revolutionieren sollte wie einst Newton, mit einem Buch, das alles auf den Kopf stellt, oder aber die Wirtschaft – unter Auslassung der Betriebswirtschaft –, zur Not auch die Philosophie oder die Kultur. Nach Veröffentlichung meines weltverändernden Werkes würde es dann umgehend von mir »angewandt«. Zufrieden schwelgte ich in Begriffen wie Kybernetik (die man von *Terminator I* und *II* kannte), Systemik, Konstruktivismus und konnte in eine Konversation kurze, wissende Eingaben machen wie:

»Aah, St. Gallener Schule«, was dann je nach Plenum ein ernst beipflichtendes Nicken oder anerkennendes Staunen hervorrief. Wahrlich, auch für Studenten gilt das Bild, Zwerge auf den Schultern von Riesen zu sein und deshalb zu glauben, man wäre groß.

Ich glaube, das Wichtige ist immer das, was hängenbleibt. Einer meiner Favoriten, an den ich mich noch immer erinnere, war die Geschichte von Achilles und der Schildkröte: Wenn Achilles und die Schildkröte, die einen räumlichen Vorsprung bekommt, beide gleichzeitig loslaufen, dann kommt Achilles irgendwann da an, wo die Schildkröte losgelaufen ist. Die Schildkröte ist ja aber in der Zwischenzeit auch ein Stück gelaufen, natürlich nicht sehr weit. Wenn nun Achilles dort anlangt, ist die Schildkröte wieder ein Stück weitergelaufen.

Das heißt, immer wenn Achilles da eintrifft, wo die Schildkröte war, ist diese schon ein Stück weiter. So kommt er ihr zwar immer näher, aber erreichen kann er sie nie. Und überholen gleich zweimal nicht. Der Mann, der sich das ausgedacht hat, war ein alter Grieche namens Zenon. Ich fand das die mit Abstand beste Beschreibung meiner bisherigen Versuche, etwas werden zu wollen, die ich jemals gehört hatte. Sie löste das Problem zwar nicht, aber sie machte es erkennbarer.

So hätte alles gut werden können. Aber leider ging es mit meinem Rennpferd, der Hilfswissenschaftlerei, zunehmend bergab. Nachdem ich die erwähnten Bücher studiert hatte, bestand meine Tätigkeit zunehmend nur noch darin, Bücher zu kopieren. Ich habe im Grunde nichts gegen Kopieren, aber jede Woche sechs Stunden am Kopiergerät zu stehen war nicht ganz das, was ich mir unter Wissenschaften vorstellte, nicht mal unter Hilfswissenschaften. Ich empfand Titel und Aufgabe als schizophren. Auf mein Nachfragen hin wurde mir erklärt, normalerweise fühlten sich Studenten im Hauptstudiengang *geehrt*, kopieren zu dürfen, und eine andere Arbeit sei, mit Ausnahmen, bis zum Magister nicht vorgesehen. Das erklärt vielleicht, warum viele Akademiker Brille tragen, die ständigen Lichtblitze sind einfach nicht sehkraftförderlich. Auf meine Frage, wann diese Ausnahmen denn stattfänden, gab es leider keine befriedigende Antwort. Das bremste meinen Idealismus doch gehörig. Aber es war noch nicht das Ende der Fahnenstange.

Das kam im Rahmen der jährlichen Feierlichkeiten zum Geburtstag der Stadt Lüneburg. Das Unheil, das mir für alle Zeiten eine akademische Karriere vermiesen sollte.

Derjenige, dessen Wissenschaft ich Hilfe leisten sollte, hatte mich einige Zeit vorher gefragt, ob ich nicht mit ihm und anderen im Fachbereich an einem Stand Würste grillen könnte. Ehrenamtlich, natürlich. Das klang nicht völlig verkehrt, und ich signalisierte Bereitschaft. Zehn Tage vor dem Ereignis dann war plötzlich eine humorfreie Damenstimme auf meinem Anrufbeantworter, die mir, offensichtlich von meiner Beantworteransage pikiert, mitteilte, ich möge doch meine Kleidergröße für den Kostümverleih bei meinem Weisungsbefugten hinterlegen. Als ich tags darauf nachfragte, was damit gemeint sei, erfuhr ich, dass ich in mittelalterlicher Uniform, Strumpfhosen und Ballonshorts, ähnlich denen der vatikanischen Schweizergarde, mit einer Hellebarde in der Hand grillen sollte. Nun bin ich bei Kleidung eigen; wenn ich eine ausgebeulte Hose um meinen Hüftbereich tragen möchte, dann fresse ich ein Jahr lang täglich drei Sachertorten oder schaue mir Filme ab achtzehn an. Dazu kam, dass ich als Kind sehr schüchtern war und öffentliche Zurschaustellung immer auch eine Überwindung für mich darstellte. In Kleidung, zu der ich auch nicht im Ansatz stand, musste sich dieses Gefühl potenzieren. Ich deutete also höflich, aber bestimmt an, dass ich leider nicht zur Verfügung stehen würde. Der mir eigentlich sehr wohlgesonnene Wissenschaftler erklärte mir daraufhin, dass es eben auch an der Universität auf Einsatz ankäme. Der Obermufti des Fachbereichs, dem auch ich somit weitläufig unterstand, lege Wert auf solche Dinge und würde sie auch entsprechend belohnen. Es wäre für die Karriere also hilfreich, mitzugrillen, zumal es sich bei dem Stadtfest um ein Steckenpferd der Gattin des Obermuftis handle – eben jener Dame, die mir auf Band gesprochen hatte –, wobei anzumerken sei, meine Position sei nicht unangreifbar, mein Hilfswissenschaftskollege sei im Augenblick sowieso fachlich angesehener, da er im Gegensatz zu mir einen humorvollen und sogar englischen Anrufbeantworterspruch präsentiere.

Wer meinen Kollegen jemals hatte englisch reden hören, wusste, was dieser Satz für mich bedeutete. Mir fielen Schimpfworte in schottischen und anderen Dialekten ein, von denen ich bis dahin noch nicht mal gewusst hatte, dass sie existieren.

Ich war wie vom Donner gerührt.

Den Englisch-Unsinn hätte ich ja noch hingenommen. Aber wenn eine gelangweilte Professorengattin, die mit meiner Fotokopiererei ungefähr so viel zu tun hatte wie der Dalai-Lama mit dem päpstlichen Hirtenbrief, fachliche Urteile über mich fällte und mir dazu jemand erzählte, es sei für meine wissenschaftliche Karriere, in der mein Geist glänzen und strahlen sollte, von allerhöchster Bedeutung, im Kasperlkostüm Bratwürste zu grillen, dann legte sich bei mir ein Schalter um. Bei allem Respekt für die Alma Mater, deren Busen mich nährte – aber wenn ich bereit gewesen wäre, so etwas zu tun, wäre ich entweder bei der Bundeswehr geblieben, denn da behauptete zumindest niemand, Geistesgröße helfe der Karriere auf die Sprünge, oder ich würde es gleich richtig konsequent durchziehen und erst mal fünf Jahre Leichen waschen, um dann in irgendeiner Bananenrepublik eine Professur zu kaufen. Beziehungsweise, wo wir gerade dabei sind, legen wir doch gleich noch ein Honorarkonsulat drauf.

Ich kam mir unendlich verarscht vor. Mein Idealismus, oder was noch davon übrig war, fühlte sich wie ein betrogener Ehemann. Von wegen Hort des Wissens. Von wegen Hochschule. Schule der lobbyistischen Erniedrigung! Werden wir denn an den Universitäten samt und sonders von einer Ansammlung Würstchengriller unterrichtet? Von klein auf hatten meine Eltern mir suggeriert, ein Studium sei gesellschaftlich ehrenwert, an der Universität sei die Wissenschaft König, und sie sei obendrein einer der wenigen Orte, an denen es nicht nur um Kohle gehe. Und dann erkannte ich, dass es dort um Holzkohle geht. Pfui!

Wie ich zu diesem Zeitpunkt meines Lebens schon eindringlich bewiesen hatte, gab es einiges, was ich wahrlich nicht gut konnte, zu meinem und dem Leidwesen anderer, und nun musste ich feststellen, dass ich in der Zeit seit der Bundeswehr, und vielleicht sogar wegen der Bundeswehr, zu einer echten Niete als Untertan geworden war. Sollte doch was dran sein an der Theorie, dass jede Scheiße für irgendetwas gut ist? (Und ich rede hier nicht von Kläranlagen.) Wie ich hörte, soll sich an der Uni Lüneburg inzwischen vieles geändert haben, aber mein Ehrgeiz war damals ebenso verbrannt wie das zweite Buch der Poetik des Aristoteles.

Vor dem dadurch eingeläuteten Ende meiner akademischen Laufbahn soll aber doch noch eine positive Note stehen, schon wegen meiner Eltern, schließlich haben sie es mitfinanziert.

So sei erwähnt, es gab sehr schöne Momente. Beispielsweise ein Referat, das ich bei einem äußerst exzentrischen und vielleicht gerade deshalb glaubwürdigen Professor hielt. Das selbstgewählte Thema war »Der Verfall der Lüge«, mein absoluter Lieblingstext von Oscar Wilde. Oscar Wilde ist wie auch Zenon ein Freund von Paradoxa. Ein Paradox ist ein scheinbarer, manchmal überraschender Widerspruch und im Fall von Wilde ein Satz wie: »Ich habe einen einfachen Geschmack, mir genügt das Beste.« Die Betonung beim Widerspruch liegt aber meiner Ansicht nach auf »scheinbar«. Denn im Auge des Paradoxes liegt eine Wahrheit, die man nicht beschreiben, aber fühlen kann, und die die Welt besser beschreibt, als es Schwarz und Weiß oder irgendeine erdenkliche Abstufung davon können. Im Rahmen des Paradoxes können Worte etwas tun, was sonst nur Musik vermag: Gitarre spielen. Verständlich ausgedrückt, ich glaubte, im Paradox einen Ausweg aus der Schizophrenie gefunden zu haben. Nicht Dr. Jekyll *oder* Mr. Hyde, sondern beides gleichzeitig. Diese Erkenntnis hat dafür gesorgt, dass meine Beziehung vier Jahre dauerte, die diesbezüglich allesamt sehr schön waren. Paradoxie statt Schizophrenie. Nicht zusammen in einem Zimmer wohnen, wie die ersten zehn Monate, und auch nicht in zwei Zimmern oder Wohnungen getrennt leben, sondern wie in unserem Fall in getrennten Wohnungen zusammenleben. Die getrennten Wohnungen waren aus Kostengründen Zimmer in WG's, aber das Prinzip blieb gleich und beziehungsfördernd. Und nicht zuletzt die Beziehung war der Grund, warum ich noch ein Weilchen weiterstudierte. Aber deshalb war ich ja auch nach Hamburg gekommen. Der andere Grund, noch ein wenig dabeizubleiben, waren neben dem Bemühen, meinen Ruf als sprunghafter Mensch abzulegen, die Unterbrechungen des Studiums. Ich nutzte die Semesterferien, um weitere Schritte in Richtung meiner wahren Berufung zu unternehmen.

Persönliche Anmerkung: Der exzentrische Professor des Wilde-Referats hat ein Buch verfasst, das ich sehr schätze und immer noch besitze. Als ich es Jahre später durchblätterte, stieß ich auch wieder auf die handschriftliche Danksagung seinerseits darin, unter anderem an Gunter Otto. Dieser Name war mir nur Stunden zuvor über den Weg gelaufen, und ich wusste nicht mehr, in welchem Zusammenhang. Ich recherchierte und fand alsbald heraus, dass er wohl den namhaften Kunstpädagogen Gunter Otto meinte. Ich fand außerdem heraus, dass ich den Namen Gunter Otto direkt davor im Vorspann eines Filmes gelesen hatte, den ich im Rahmen einer gänzlich unakademischen Recherche ansatzweise angesehen hatte. Dabei handelte es sich jedoch um den *Regisseur* Gunter Otto, der Werke wie *Josefine Mutzenbacher* und *Liebesgrüße aus der Lederhose* geschaffen hat. Für die Tatsache, dass ich trotzdem kurz zweifelte, wen der Professor gemeint haben könnte, möchte ich mich entschuldigen, und darauf hinweisen, dass der Grund dafür nicht in seinen Vorlesungen, sondern auf der Festmeile der Jahrestagsfeierlichkeiten der Stadt Lüneburg zu verorten ist. Wenn man einmal den Glauben verloren hat, ist es schwer, zu glauben. Mittlerweile weiß ich natürlich, dass, egal was man macht, Bratwürstegrillen ein Teil jeder beruflichen Realität ist; doch das sollte einen nicht davon abhalten, weiterzuträumen. Im vermuteten Geiste von Oscar Wilde formuliert: Ohne Realität sind wir nur Träume, ohne Träume sind wir Nichts, ohne Nichts sind wir langweilig.

21 insektensammler

Wer hätte gedacht, dass ich, ein einziges Mal wenigstens, in Lohn und Brot für eine Einrichtung stehen würde, die meine frühesten Kindheitsfantasien beflügelt hat: das von Konrad Lorenz – einem der großen Tier- und Verhaltensforscherhelden, die nicht Grzimek hießen – gegründete Institut für Verhaltensphysiologie Seewiesen. Ein heiliger Ort für Tierforscher. Hier wurden Dinge herausgefunden, die so verhaltensforscherisch waren wie an kaum einem anderen Ort. Wer weiß, ich hätte schon früher hier landen können, wenn nicht all das passiert wäre, was stattdessen passiert war. Aber die geistige Nähe war nie gewichen.

Ein Kumpel von mir, wollen wir ihn Melampus nennen, wegen seiner Gabe, die Tiere zu verstehen, war Doktorand an eben jenem Institut Seewiesen, und er unternahm Forschungen im Naturpark Altmühltal, für die er eine Hilfskraft genehmigt bekommen hatte. Aufgrund meiner Erfahrung als ehemaliger Wildhüter fiel seine Wahl naturgemäß auf mich. Und so fuhren wir für eine Woche in eine schlichte Hütte mitten im Wald.

Morgens um sechs wurde aufgestanden, und dann zogen wir los. Mit Pfeil und Bogen, Seilen und einer großen Tasche. Nun wird sich der aufmerksame Leser fragen, ob er gerade wirklich Pfeil und Bogen gelesen hat und ob das bedeutet, dass er aus Versehen ins falsche Buch geraten ist. Nein, es waren tatsächlich Pfeil und Bogen. Allerdings nicht zum Zwecke der Jagd auf königlich bayerisches Wild, oder um die Schergen des Sheriffs von Nottingham zu bekämpfen, sondern um zu klettern. Denn Melampus hatte eine Vielzahl an Bäumen in großer Höhe mit Insektenfallen bestückt. Die hingen nun dort schon eine Weile, und wir sollten sie einsammeln, damit er die gefangenen Tiere bestimmen und aufgrund von Art und Anzahl ermitteln konnte, wie es um den Wald bestellt war – um die Insekten und überhaupt. Jetzt sind die hohen Bäume dort nicht alle so gewachsen, dass man bequem in Brusthöhe zum Ast greift und sich dann nach oben hangelt. Die ersten Äste finden sich oft erst in einer Höhe von fünf Metern. Deswegen schoss er einen Pfeil mit einer Schnur oben durchs Geäst des Baumes, so dass der Pfeil wieder herunterfiel. Mit der Schnur wurde dann ein Seil oben durchgezogen, und dieses Seil befestigte er an seinem Klettergeschirr und stieg hinauf. Das klingt nach großem Vergnügen, aber leider durfte nur Melampus klettern, da ich nicht gegen Unfälle beim Baumklettern versichert war, keinen Frei- oder Fahrtenkletterschein besaß und der Arbeitgeber nur Geld für eine einzige Versicherung hatte. Aus diesem Grunde habe ich es offiziell auch nie getan, kann aber glücklicherweise trotzdem aus erster Hand berichten, dass es viel Spaß macht und die Aussicht großartig ist.

Dort oben angekommen, löste Melampus dann die Insektenfallen und ließ sie mir herunter. Die gefangenen Insekten wurden in Alkohol eingelegt; wir leider nicht. Während er wieder herunterkletterte, versuchte ich ihn mit Pfeil und Bogen zu erlegen. (Das ist natürlich nicht wahr, sondern nur ein weiterer Aufmerksamkeitstest meinerseits.)

Das machten wir acht Stunden täglich, unterbrochen nur von einer Stunde Mittagspause. Wir plauderten viel, und ich nutzte die Zeit, wenn er in den Baumkronen herumturnte – was den Gesprächsfluss zuweilen beeinträchtigte –, um mein frischgestochenes Tattoo zu pflegen, ein chinesisches Zeichen. Damals waren Tätowierungen noch nicht sehr verbreitet, und dass ich es überhaupt erwähne, beweist, wie sehr mir neben der historischen Genauigkeit der Berichterstattung immer noch daran gelegen ist, mein vermeintliches Außenseitertum zu betonen. Leider gibt es nichts auf dieser Welt, was durch Betonung an Autorität gewinnt.

Nichtsdestotrotz war ich damals der Einzige, den ich kannte, der ein solches Tattoo hatte, was man sich heute kaum noch vorstellen mag. Nebenbei und um wuchernden Fantasien vorzubeugen, möchte ich erwähnen, dass ich später Chinesen getroffen habe, die das Zeichen eindeutig als das von mir Gewünschte identifiziert haben, ich also nicht zur Freude und Belustigung eines Tätowierers seither die Botschaft »Blaues Entenohr« auf dem Arm herumtrage.

Das Symbol, das ich wählte, bedeutet so viel wie Wunsch, Idee, Gedanke, was meine Sehnsucht nach einer Berufung und allgemeiner Erfüllung mittels guter Ideen, bahnbrechender Gedanken und erfüllter Wünsche zum Ausdruck bringen sollte. Und mir gefällt heute noch, dass die Chinesen eben diese Begriffe »Wunsch, Idee, Gedanke« durch zwei miteinander verbundene Zeichen darstellen, nämlich dem Zeichen für Musik oder Ton und dem Zeichen für Herz. Also Musik des Herzens. Was mich außerdem daran erinnern sollte, irgendwann mal das Gitarrenspiel zu erlernen. Eine einsame Hütte in einem alten bayerischen Wald wäre der ideale Ort gewesen, um genau das zu tun, aber ich besaß ja keine Gitarre.

Also beließen wir es dabei, Insektenfallen zu leeren, uns des Abends gegenseitig nach Zecken abzusuchen und dann, nach einem genüsslichen Feierabendtrunk und vor Arbeitsmüdigkeit entspannten Gesprächen unter Freunden, von unseren Wünschen und Ideen zu träumen.

Die Erkenntnisse, die aus der Auswertung der Insekten gewonnen wurden, trugen dazu bei, Melampus den Doktortitel zu verschaffen, waren jedoch nicht so bahnbrechend, dass ich mich noch im Einzelnen an sie erinnern könnte. Trotz meines langgehegten Interesses an der Zoologie kann ich sie nur wie folgt zusammenfassen:

In Baumkronen krabbeln Viecher herum, und zwar teilweise ganz andere Viecher als auf dem Boden oder in Holzhütten. Wenn man die Umwelt verschmutzt, hat das auch Auswirkungen auf die Viecher, und die Viecher haben Auswirkungen auf die Bäume und auf das Gleichgewicht an sich. Wenn man das Gleichgewicht verliert, fällt man vom Baum, weshalb man sich anseilen oder gut versichert sein sollte, was im Falle der Umweltverschmutzung keine Option ist. Die Viecher leben in den Kronen von Bäumen, die Umweltverschmutzung lebt von der Krone der Schöpfung. Da die Viecher in den Baumkronen in die Falle von einem Vertreter der Krone der Schöpfung getappt sind und anschließend in Alkohol eingelegt wurden, gilt für alle: Nicht jede Krone bringt Glück, Macht und Zufriedenheit mit sich. Und Alkohol ist auch keine Lösung, weil er nämlich nicht auflöst, sondern konserviert.

Eigentlich schöne Erkenntnisse, wie ich fand, und nicht durch graue Theorie, sondern in der Praxis gewonnen. So eine Angewandtheit hätte ich mir auch in den Kulturwissenschaften gewünscht, aber mir fiel zugegebenermaßen keine

Möglichkeit ein, eine meiner Vorlesungen mit einer Woche im Wald zu kombinieren.

So kehrte ich, von der Waldesluft erholt, frisch tätowiert nach Hamburg und Lüneburg zurück.

22 roadie

Um die Kulturwissenschaften dann doch noch ein bisschen anzuwenden, habe ich mich bei meiner nächsten Berufswahl auf Zeit für den Rock ’n’ Roll entschieden, genauer gesagt den Auf- und Abbau von Licht und Ton bei Konzerten. Ich war also Roadie – oder Techniker, wie der Kenner sagt. Und wo könnte mehr Rock ’n’ Roll geboten werden, als beim Kulturreferat der Landeshauptstadt München, Abteilung Technik?

Wahrscheinlich überall, aber ich kannte sonst keinen, der mich eingestellt hätte. Und beim Rock ’n’ Roll geht es ja auch nicht darum, kleinlich auf Begriffen herumzuhacken, sondern dem Bauchgefühl zu folgen, und mein Bauchgefühl sagte mir: Ich brauche Geld und kenne jemanden, der mich dafür bezahlt, mich bei Konzerten wichtigzumachen. Da ist der Dienstweg kurz und die Aussicht großartig. Ich sage nur: Backstagepass! Triple-A, wie es der Fachmann nennt. AAA, das heißt Access All Areas, zu Deutsch: Überall, wo man hinwill, als Normalsterblicher aber nicht hindarf. Hinter die Kulissen.

Während die Chancen dafür im Verlauf der ersten Stunden zunehmend schrumpften, nahm die Erkenntnis zu, dass diese Tätigkeit tatsächlich sehr viel mit Arbeit zu tun hat.

Nach einer Einführung, bei der mir der Kopf rauchte ob all der technischen Fachbegriffe, ging es direkt ans Werk: Um- und Aufräumen des Techniklagers. Anschließend waren wir mehrwöchig innerhalb der Stadt auf Tour, mit einem Zirkuszelt, das auf- und abgebaut werden musste und befüllt wurde mit Bestuhlung, Tonanlage (oder PA, wie wir Roadies das nennen) sowie dem Licht, bestehend aus dem Rigg und den Kannen. Also dem Gerüst und den Lampen, die man wohl so nennt, weil sie daran gemahnen, dass man sich im Umgang mit ihnen nicht die Kanne geben oder sich einen auf die Lampe gießen kann, da sie in drei bis fünf Metern Höhe hängen. Anders, wenn man fünf Jahre Tourbegleiter von Whitesnake war, dann durfte man alles betrunken erledigen. Mit anderen Worten, es gab enorm viel zu tun, bevor man die Show dann »fahren«, also die Regler an den Licht- und Tonpulten bedienen durfte.

Die Programmauswahl dieser Stadtteil-Tour bestand leider nicht direkt aus Rock 'n' Roll. Es begann meist nachmittags mit Kasperletheater, dann folgten kürzere Stücke verschiedenster Laienensembles und am Abend Kleinkunstkonzerte von Gruppierungen, die fast ausschließlich aus Menschen in Latzhosen mit viel Sendungsbewusstsein für die und gegenüber der Dritten Welt bestanden. Menschen, die diese Einstellung nicht nur besangen, sondern auch durch die Wahl der Kleidung und, was noch eindrucksvoller war, die Wahl ihrer Instrumente zum Ausdruck brachten. Gut gemeinte exotische Instrumente klingen nicht immer schön. Nun, jedem das seine. Schade war allerdings, dass ich mir doch erhofft hatte, trotz meiner Beziehung in Hamburg vielleicht auch mal Erfahrungen mit Groupies zu sammeln, diese aber den Veranstaltungen fernblieben. Man muss wohl eher Begleiter von den Rolling Stones sein, damit sie kommen. Die Schnittmenge der Darsteller und Musiker oben genannter Provenienz mit der Gruppe der Groupies ist, wenn überhaupt, nur rechnerisch nachweisbar, aber keinesfalls angewandt. Folglich ist die Zahl derer, die mit dem Aufbauhelfer von Kleinkunstgruppen schlafen wollen, um an den Ziehharmonikaspieler oder den Xylophonisten ranzukommen, praktisch nicht existent. Das lag unter anderem daran, dass die Anhänger dieser musikalischen Bemühungen, die ihrerseits in der Mehrheit belatzhost waren, und das wahrscheinlich seit der Friedenskette in Ulm, nach den Vorstellungen lieber noch über das Gehörte diskutierten. Wobei die Art der Diskussion, zumindest in meinem Fall, eine extrem triebhemmende Wirkung entfaltete, neben der latenten Sehnsucht, bei einem Motörheadkonzert in der ersten Reihe zu stehen und barbusigen Frauen unter Jacky-Coke-Einfluss Obszönitäten zuzubrüllen.

Was meine Bereitschaft zum Groupieerlebnis betraf, möchte ich noch anmerken, ich bin eigentlich ein treuer Mensch, aber die Beziehung kriselte gerade, und Roadie zu sein ist ja ein wenig wie die Seefahrt, bei der in fremden Häfen auch mal Dinge passieren können, über die man besser liebevoll den Mantel des Schweigens breitet.

Als die Städtetour beendet war, begann der zweite Teil der Arbeit, der schon mehr in Richtung des Erhofften ging. Zumindest was die Arbeit betraf. Eine größere Seebühne wurde mit Technik bestückt und einen Monat lang betrieben. Ich war von der Größe der Anlage sowie der Höhe und Anzahl der Beleuchtungsmaßnahmen sehr angetan, kam ich mir doch wie ein Kollege der Roadies großer Bands vor, wenn ich in mehreren Metern Höhe Spots einstellte oder auch nur scheinbar wichtig herumhantierte. Einmal habe ich mich weit in das übers Rigg hinausragende Kuppeldach gewagt, vor den Augen vieler beeindruckter Zuschauer. Doch Hochmut ist kein guter Ratgeber, wenn auch in diesem Fall kein Fall folgte. Als ich mit verschwitzten Händen bei einem Steilheitsgrad von über zehn Prozent, also einem Überhang, in acht Metern Höhe baumelte, habe ich festgestellt, dass in mir auch Höhenangst als mögliche Veranlagung schlummert. Ich habe fast zehn Minuten gebraucht, um wieder in das auf fünf Metern gelegene Rigg zurückzufinden, das sich wie Heimat anfühlte. Die zu erledigende Aufgabe erledigte dann ein australischer Kollege, der schon als richtiger Roadie bei namhaften Bands wie Pink Floyd gearbeitet hatte. Ich war also mal wieder an meine Grenzen gestoßen, und das noch bevor der Job zu Ende war.

Natürlich hat es sich trotzdem gelohnt, weil ich, seit ich einen Einblick in die Veranstaltungstechnik gewonnen habe, auf Konzerten zu meiner Begleitung Dinge sagen kann wie »Schöne Backline« oder alternativ »Sauberes Rigging«.

Das beweist der Begleitung dann überdeutlich, dass ich eigentlich einen Backstagepass verdient hätte, aber aus Mitgefühl mit ihr beim Fußvolk vor der Bühne geblieben bin.

Übrigens, falls die Begleitung partout nicht auf diese Sätze reagieren will, empfiehlt es sich, so lange den »Sound« zu loben und dabei scheinbaren Blickkontakt mit dem Tonmann am Mischpult aufzunehmen, bis die nämliche Dame einen küsst, um Ruhe zu haben, oder sich einem auf die Schultern setzt, was die Vorstufe zum Kuss ist, wie jeder erfahrene Konzertbesucher weiß. Es gibt natürlich noch den ungeliebten dritten Fall, in welchem sie, um das Geplapper nicht mehr ertragen zu müssen, ein Bier holen geht und sich anschließend nach alternativen Schultern umsieht, im schlimmsten Fall nach denen eines Amateurs, der selbst Musiker ist oder Gitarrist oder der einfach nur die gespielte Musik mag.

23 rekommandeur

Bei all dem konnte ich jedoch nicht ahnen, dass das Roadietum, das körperlich durchaus herausfordernd und stärkend war, nur die Vorbereitung sein sollte auf den mit Abstand körperlich härtesten Job meines gesamten Lebens:

Rekommandeur auf dem Münchner Oktoberfest.

Damit ist derjenige gemeint, der vor einem Fahrgeschäft sitzt und die Menschen dazu ermuntert, hereinzuspazieren. Eine Aufgabe, wie für mich gemacht, dachte ich. Und das dachte auch der australische Kollege, mit dem ich diesen Job teilte. Unser Fahrgeschäft war eine Schaukel, auf der sich sechs Leute auf jeder Seite gegenübersitzen und schaukeln, während sich um die Schaukel eine große Trommel dreht, die innen bemalt ist. Es war ein nostalgisches Fahrgeschäft, das seit etwa 1900 betrieben wurde. Der Australier und ich waren guter Dinge. Das Oktoberfest ist eine feine Sache, die Bezahlung war sehr gut, und alle paar Minuten auf einen Knopf drücken, das Fahrgeschäft in Betrieb nehmen, die Leute herein- und herausbitten und dazwischen per Mikrofon Menschen anlocken, klang nach der anstrengenden Arbeit im Rigg geradezu entspannt. Nun war es aber so, dass sich zwar die Trommel um die Schaukel elektrisch drehte, aber die Schaukel nicht auf Knopfdruck schaukelte. Am einen Ende der Schaukel war ein Seil angebracht, das über zwei Umlenkrollen in eine Kabine innerhalb der Trommel führte, die mit zwei Einwegspiegeln ausgestattet war. Aus dieser Kabine konnte man die schaukelnden Gäste sehen, sie hingegen bekamen einen nicht zu Gesicht. Was gut war, denn der Gesichtsausdruck, wenn man zwölf Menschen mit einem Seil anschaukelt, ist unerfreulich. Unser Arbeitsablauf sah also folgendermaßen aus:

Drei Minuten lang schaukeln, wobei die wirklich harte Anschaukelphase ungefähr dreißig Sekunden dauerte. Dann gute zwei Minuten zur Stroboskopbeleuchtung im Inneren der Trommel schaukeln, möglichst gleichmäßig, wie ein Schaukelpferd. Anschließend die Abbremsphase einläuten, die ebenfalls Kraft kostete. Kurz innehalten, bis gesichert ist, dass auch die Trommel zum Stillstand gekommen ist, anschließend die Türe öffnen und die Passagiere verabschieden. Dann drei Minuten Pause, während der Kollege schaukelt und man die wartenden Passagiere begrüßt. Anschließend diese Gäste hereinbitten und dann drei Minuten lang schaukeln, wobei die wirklich harte Anschaukelphase ungefähr dreißig Sekunden dauerte. Dann gute zwei Minuten zur Stroboskopbeleuchtung im Inneren der Trommel schaukeln, möglichst gleichmäßig, wie ein Schaukelpferd, wie ein Schaukelpferd, ein Schaukelpferd, ein Schaukelpferd …

Ich nehme an, das Prinzip wird deutlich. Dazu lief, und zwar zwölf Stunden ohne Unterbrechung, die gleiche Kassette eine Dreiviertelstunde lang, bevor sie wieder von vorne begann. Es waren musikalische Klassiker aus den zwanziger und dreißiger Jahren. Noch heute, wenn ich Hans Albers »Komm auf die Schaukel, Luise« oder die Comedian Harmonists »Mein kleiner grüner Kaktus« singen höre, muss ich mich sehr beherrschen, um nicht in wippende Bewegungen zu verfallen oder an irgendetwas rhythmisch zu ziehen.

Mein Roadiekollege und ich hatten schon am fünften Schaukeltag Unterarme, die im Umfang dem entsprachen, was ich heute an den Oberschenkeln mit mir herumtrage. Da wir beide den Film *Der Glöckner von Notre Dame* sowohl in der Version mit Charles Laughton als auch in der mit Gina Lollobrigida gesehen hatten, riefen wir uns in den Schichtwechseln, wenn der eine noch das Blitzen des Stroboskops in den Augen des anderen ausmachen konnte, immerfort zu:

»Esmeralda, Esmeralda, the bells, the bells!«

Die Glocken. Wir konnten sie hören, laut und deutlich, in der Stimme von Hans Albers, in den Stimmen der Comedian Harmonists, und wir hörten sie auch noch in der Stille auf dem Weg nach Hause, ja sie waren sogar das Einzige, was uns daran hinderte, in der U-Bahn einzuschlafen. Wir dachten Quasimodo, wir fühlten Quasimodo, wir *waren* Quasimodo. Zu Hause war in diesem Fall übrigens die Wohnung meines Bruders, der kurz zuvor ausgezogen war, aber noch einen Monat Miete guthatte und mich deshalb das von jeglicher Einrichtung befreite Zimmer kostenlos nutzen ließ. Den Freunden karger Bequemlichkeit sei seitdem aus Erfahrung gesagt: Ein Teppich ist keine Isomatte. Das ist wohl auch der Satz, der den Härtegrad der nichtvorhandenen Schlafunterlage am besten beschreibt. Denn ich hatte leider nur meinen Schlafsack mitgenommen. Es gab auch keine Gelegenheit, eine Alternative zu organisieren, denn es war beim besten Willen nicht daran zu denken, zwischen Arbeitsende um 22.45 und Dienstbeginn um 09.00 Uhr irgendetwas anderes zu machen, als mit Glück etwas Essbares im Vorbeifahren in sich hineinzustopfen, in der U-Bahn zu hocken und zu schlafen. Insofern man den komatösen Zustand zwischen den Muskelkrämpfen vom falschen Liegen, in dem man düstere Visionen von endlosen Kreisbewegungen hat, zum Klang von – natürlich – Glocken, denn als Schlaf bezeichnen möchte.

In der Arbeit ging es uns beiden, Quasimodo und Quasimodo, nur noch darum, durchzuhalten. Ihm gelang es neun Tage, ich habe nach dem zehnten Tag das Handtuch geworfen. Ich war stolz, einen echten Roadie um einen Tag übertroffen zu haben. Ansonsten war ich größtenteils menschliches Gemüse, und »nicht mehr können« hatte eine neue Dimension erreicht, die ich seit damals zu respektieren versuche.

Rekommandeur kommt übrigens vom französischen »recommander«, also empfehlen, anpreisen. Ich kann diese Arbeit aber niemandem reinen Gewissens empfehlen, wobei es heute sicher einfacher ist, denn im nächsten Jahr schon wurde ein Motor für die Schaukel eingebaut, der sie seither antreibt. Das habe ich aber nicht mehr miterlebt.

Ich wurde später noch einmal an den Job erinnert, als eine Freundin auf einem Faschingsball war und wegen Überfüllung der Damentoilette einmal den Herrenabort aufsuchte. Als sie sich dort die Hände wusch, kam ein als Glöckner von Notre Dame verkleideter Kerl herein, stierte ihr in den Ausschnitt und jubelte:

»Glocken!«

Ich weiß genau, was er meinte: Er dachte vom Einblick inspiriert an Gina Lollobrigida. Was mich daran erinnert, einen großen Vorteil hatte das Schaukeln gehabt. Die in Hamburg kriselnde und an Ermüdungserscheinungen leidende Beziehung erfuhr frischen Wind, als meine Freundin sah, was die Plackerei aus meinem Rücken und meinen Armen gemacht hatte. Das Mittelgebirge zog sich als Muskelrelief zwischen meinem vom Teppichbodenschlafen gestählten Hintern und dem Glöcknerochsengenick hin, flankiert von zwei menschlichen Baggerarmen.

Was die Wochen nach meiner Rückkehr anbetraf, kann ich nur sagen, die Stärke spielt eine Rolle.

24 unternehmensberater

Irgendwann war es dann so weit. Die Beziehung war auseinandergegangen, friedlich und irgendwie auch nicht völlig unerwartet. Und nun war es Zeit, einen Grund zu finden, um das Studium abzubrechen. Vier Jahre waren genug, immerhin absolvieren manche Menschen in dieser Zeit ein komplettes Studium. Für die Zulassung zum Vordiplom fehlte mir nur noch der Schein für Buchhaltung und Kostenrechnung.

Allerdings war es doch langsam angeraten, etwas zu finden, was nicht nur die Zeit füllte oder kurzfristig Geld einbrachte, sondern wirklich einem Beruf entsprach. Dieser Weg tat sich auf in Form des sogenannten »Quereinstiegs in die Industrie«. Das ist im Allgemeinen der Fachausdruck für »Es hat sich was ergeben, wo ich auch ohne Diplom arbeiten kann«. Der Einstieg erfolgt, wie bei mir, klassischerweise über ein Praktikum. In meinem Fall war es ein Praktikum im Bereich Marketing bei einer sehr großen Airline, Abteilung Produktentwicklung.

Nun sollte ich vielleicht vorab die Vielflieger beruhigen, »Produktentwicklung« bedeutete keinesfalls, dass ich unmittelbar an Bau und Konstruktion der Flugzeuge beteiligt war. Das erschien wohl allen Beteiligten zu riskant. Außerdem hätte ich hierfür zu einem Flugzeugbauer gehen müssen, nicht zu einer Airline, die bekommt die Flugzeuge ja im Normalfall flugfertig angeliefert.

Ich arbeitete an einem Projekt, das alles betraf, was bei Mittel- und Langstreckenflügen passiert, sobald man an Bord gekommen ist. Das umfasste zum einen Serviceabläufe: Wie viele Uniformierte sollten zu welchen Zeiten hinter den kleinen Vorhängen stehen, um sich zu erzählen, was der Copilot beim letzten Layover in Hongkong gemacht hat, und wann und wie oft sollte ausgesuchten Gästen Tomatensaft über die Hose gekippt werden. Dann gehörte noch die Auswahl der Innenausstattung dazu: Welche Art Sitz sollte in welcher Klasse eingebaut werden, und was sollte sich alles in den Lehnen befinden, um damit zu spielen oder selbst Tomatensaft hineinzukippen.

Da kommen einem natürlich sofort jede Menge Ideen. Mein erster Gedanke war, an den Rückseiten der Lehnen Aussparungen anzubringen, in denen der Passagier gerade auf langen Flügen wichtige Dinge unterbringen kann, wie beispielsweise seine Knie. Aber hier stößt man nicht nur mit den Knien sehr schnell an Grenzen; es gibt, besonders in zehntausend Metern Höhe, eine Menge technische Einschränkungen. Dort, wo ich gerne meine Knie platzieren wollte, befinden sich zum Beispiel unverzichtbare Bauteile, in diesem Fall die Nieren des davor sitzenden Fluggastes. Oder wie man in der Sprache der Luftfahrt anstatt Fluggast sagt: der Pax. Dieser auch in der Reisebranche verwendete Ausdruck ist die Abkürzung für Passagier.

Generell habe ich hier ein völlig neues Reservoir an Sprache vorgefunden. Zum einen die Businesssprache, also englische Ausdrücke für sämtliche Vorgänge im Büro, die dazu dienen, sich als wichtiges Mitglied einer Elitetruppe zu fühlen. »Penfocussing« klingt einfach besser als »Bleistiftspitzen«. Und wenn man diese Begriffe zusätzlich noch verschlüsselt, indem man sie abkürzt, wie TQM, was Total Quality Management bedeutet und besser klingt als »es möglichst gut machen«, dann gibt einem das ein geradezu freimaurerisches Gefühl der Besonderheit. Ich musste mich natürlich erst einmal einleben und an die Sprache gewöhnen. Anfangs gab es da einige Missverständnisse, so wäre ich zum Kick-Off-Meeting des Projekts beinahe in Fußballklamotten erschienen. Doch mit der Zeit kriegt man den Dreh raus.

Generell empfiehlt es sich im Business, auch Projekte mit Titeln zu belegen, die aus klangvollen Abkürzungen englischer Worte bestehen. Ich befand mich als Quereinsteiger demnach im Prozess SAGMAL (Speaking Abbreviations, Generating Money After Learning), also »durch Aussprechen von Abkürzungen Geld verdienen nach der Studienzeit«.

Da ich aber nicht nur im Business gelandet war, sondern außerdem bei der Luftfahrt, kam noch ein ganzes Füllhorn an technischen Fachausdrücken aus selbiger hinzu. Das hatte einen entscheidenden Vorteil: Sobald man sich auch in diese Sprache ein bisschen eingearbeitet hatte, konnte man sich so ausdrücken, dass kein Außenstehender bezweifeln konnte, es handle sich beim Sprecher um etwas anderes als einen absoluten Profi.

Da ich beim Sprachenlernen immer schon recht schnell war, schlug ich mich sehr wacker und wurde aus dem Praktikum heraus direkt als freier Berater für das Projekt engagiert. Das war großartig. Freier Berater! Allein das Wort »frei« empfand ich als Segen, weil es nach institutioneller Unabhängigkeit klang und mir das Gefühl gab, ich könne auch jederzeit andere große Unternehmen beraten. Ich hatte also einen richtigen Beruf, mit richtiger Bezahlung und mit Krawatte.

Und das in einem Bereich, von dem jeder träumt. Luftfahrt, das trägt den Hauch von großer weiter Welt, von globalem Dorf, international und aufregend. Scheinbarer Nachteil war, um am Knotenpunkt dieser Träume zu arbeiten, musste ich nach Frankfurt ziehen. Nun erwartete jeder von mir, binnen kurzer Zeit das Vorurteil bestätigt zu hören, dass von allen deutschen Städten Frankfurt die unerfreulichste sei. Das kann ich aber nicht bestätigen. Im Gegenteil, Frankfurt ist eine feine Sache. Es ist vielleicht nicht Hamburg, das ich nach einer gewissen Eingewöhnungszeit als zweite Heimat empfand (an dieser Stelle nochmal ein großer Dank an die Hansestadt und ihre Einwohner), und es war auch nicht München, aber trotzdem bin ich noch heute mit Äppler und Handkäs zu begeistern. Die in Hessen fast kultische Verehrung Frankfurts führt sogar dazu, dass alle Hessen, die man fragt, woher sie kämen, Frankfurt als Heimstatt nennen, ganz egal woher sie stammen. Seither frage ich grundsätzlich, wenn ich »Frankfurt« höre: »Wo denn genau dort?«, und bin dann nicht im Geringsten verwundert, als Antwort »Nauheim« oder »Homburg« (mit einem stummen »Bad« davor) zu bekommen. Ausnahmen hierzu sind lediglich Wiesbaden und Offenbach, Ersteres wegen des hessischen Parlaments, Letzteres aus Prinzip. Ich selbst wohnte zu dieser Zeit in Frankfurt. Davon ein Jahr in Walldorf und zwei in Dreieich. In diesen zwei Jahren machte es mir besondere Freude, wenn ich jemandem meine Adresse samt Postleitzahl telefonisch durchgab: sechs, drei, null, drei, drei. Dreieich war für jeden Mitschreibenden eine Herausforderung.

Doch zurück zur Luftfahrt. Meine Aufgabe wäre wohl

für jeden eine Verlockung gewesen. Denn jeder, der jemals geflogen ist, träumt doch davon, einmal mitzubestimmen, was im Flugzeug passiert.

»Was man da alles verbessern könnte!«

Genau das aber beschreibt die Schwierigkeit des Ganzen. Denn es gibt in der gesamten Luftfahrt ein Grundproblem, das man nie loswerden wird. Den Pax. Fluggäste gehören neben Bahnreisenden und Straßenverkehrsteilnehmern, auf die ich ja schon als Kurier getroffen war, zu den unerfreulichsten Begleiterscheinungen des Reisens an sich. Wenn man ehrlich ist, sind die meisten unschönen Erinnerungen an Flüge auf Sitznachbarn zurückzuführen. Auch Airlines haben hierauf nur geringen Einfluss, deshalb führten alle meine Anregungen, mit Verbesserungsmaßnahmen an genau diesem Punkt anzusetzen, ins Leere.

Auch ist es nicht ratsam, eben diese Fluggäste zu befragen, was man verbessern könnte. Meiner Erfahrung nach ist es ein generelles Missverständnis der Marktforschung, Kunden zu befragen und sich davon Ideen zur Verbesserung zu erhoffen. Natürlich ist es wichtig, so zu tun, als wären sämtliche Neuerungen, egal auf welchem Gebiet, ausschließlich Resultat von intensiven Befragungen. Damit jeder das Gefühl hat: »Das alles passiert nur wegen mir!«

Aber genau das führt dazu, dass auf Nachfrage jeder nur mit seinen ganz persönlichen Ideen aufwartet, die im Bereich der zivilen Luftfahrt dann zu Anregungen führen wie »bestickte Kissen wären schön« oder auch zu dem todsicheren Tipp, mit Long Island Ice Tea könnte man den Bordverkauf »mal so richtig ankurbeln«.

Es kommt doch auch niemand auf die Idee, Radiohörer zu befragen, wie die neue Scheibe von Green Day klingen sollte, und die Anregungen dann tatsächlich umzusetzen. Das Ergebnis würde klingen wie ein startender Airbus.

Nichtsdestotrotz waren Kundenbefragungen Teil des Projekts. Ebenso wie der Austausch mit Flugzeugkonstrukteuren, fliegendem Personal und allen, die vielleicht zum Flugerlebnis konstruktiv beitragen könnten. Hierbei ist es eine wahre Freude, für ein wirklich großes Unternehmen zu arbeiten, beziehungsweise es zu beraten. Denn wenn man irgendwo anruft und den Namen des Unternehmens nennt, hat man sofort einhundert Prozent Aufmerksamkeit. Da denkt jeder, mit dem man spricht, sofort an potenzielle Aufträge in astronomischen Größenordnungen. Das ist so wie früher im Mittelalter oder auch später, wenn beispielsweise ein Winzer das Telefon abnahm und in der Leitung war der königliche Mundschenk. Sofort sah der Weinbauer das Etikett »königl. Hoflieferant« samt Wappen auf den eigenen Flaschen prangen.

Übrigens war tatsächlich einer meiner Vorfahren Mundschenk bei König Ludwig II. von Bayern (für die Nichthistoriker, das ist der Wahnsinnige mit den Schlössern). Des Mundschenks Tochter heiratete den Sohn des königlichen Fasanenmeisters. Das erklärt wohl, warum ich gerne Fleisch esse, Wein trinke und über die Budgetgrenze hinaus königliche Ausgaben für Luftschlösser tätige. Doch dies nur am Rande.

Das Prinzip der Firmennamensnennung hat leider auch Nachteile, vor allem für die Charakterbildung. Wegen der einem durch den Firmennamen verliehenen königlichen Autorität vergisst man manchmal gerne, dass man nicht selbst König ist. Die Auswirkungen dieses Prinzips kennt jeder, der schon mal ausgiebig mit Managern zu tun hatte. Ich bekenne mich diesbezüglich im Nachhinein ebenfalls schuldig im

Sinne der Anklage. Wäre ich nicht derjenige gewesen, der sich voller Enthusiasmus wichtigmachte, ich hätte mich für mich geschämt.

Doch natürlich überwog die selbsterhöhende Seite. Spätestens als ich den ersten Anzug mit Weste erwarb, war ich voll im Business angekommen. Ich träumte davon, Unternehmen jeder Art weltweit zu beraten, und hatte große Freude, mich mit alten Freunden, die sich schon besorgt gezeigt hatten ob meiner Ausdauer in der Berufswahl, in Sachen Wirtschaft und überhaupt auszutauschen.

Besondere Genugtuung hat mir die Tatsache verschafft, dass ich an der Uni gewonnene rein theoretische Erkenntnisse nun praktischen Tests unterziehen konnte. Angewandt! Ich hatte mich beispielsweise viel und gerne mit den Voraussetzungen für gute Ideen beschäftigt. Das klingt vielleicht banal, ist aber wie das Hoseausziehen beim Beischlaf, man muss es erst mal tun. Im Business und an der Uni kann man natürlich nicht einfach über »gute Ideen haben« reden, da müssen dann schon Begriffe wie »Innovation« (ein »must have« unter den Businessworten) oder »Paradigmenwechsel« fallen, um loslegen zu dürfen. Ein Paradigmenwechsel übrigens ist so etwas wie die Erkenntnis, dass sich die Erde um die Sonne dreht anstatt umgekehrt, oder die Erkenntnis, dass nicht der Berater das Unternehmen macht, sondern das Unternehmen den Berater. Eine der großen Wahrheiten der Ideenforschung ist, dass nicht einmal fünf Prozent aller wirklich bedeutungsvollen Ideen, Erfindungen und Innovationen den Menschen im Büro einfallen. Dagegen weit mehr als zwanzig Prozent beim Spazierengehen, allgemein im Grünen oder in der Kaffeeküche.

Diese Erkenntnis nutzte ich in der Form, dass ich meinen Arbeitsplatz großflächig in den großen Lichthof des Gebäudes verlegte, strategisch günstig in der Nähe des Kaffeeautomaten. Dort saß ich dann und arbeitete an revolutionären Konzepten. Ich räume ein, revolutionär ist vielleicht übertrieben, aber sie waren auch im Nachhinein betrachtet durchaus im Sinne der Sache. Nun war der Lichthof aber so etwas wie das Aquarium des Gebäudes, fast jeder konnte aus den Büros darauf hinausschauen. Und es schauten viele. Innerhalb kürzester Zeit war ich bekannt als der Typ, der schamlos stundenlang Kaffee trinkt, anstatt zu arbeiten. Empörte Blicke trafen mich, bevor sie sich angewidert wieder dem Solitairespiel auf den Rechnern zuwandten. Auch Kollegen in einem großen Unternehmen können Fluggäste oder Verkehrsteilnehmer sein.

Ich hatte mal wieder die Bedeutung des Inhalts über-, und die Form und die Macht des Grillens unterschätzt. Wenn man morgens aus dem Haus geht, in Anzug mit Krawatte und Aktentasche, kann man jahrelang vortäuschen zu arbeiten, wie in meinem Bekanntenkreis auch einmal geschehen, aber wenn man zu Hause arbeitet, bis drei Uhr nachts, und ab zehn Uhr morgens wieder am Schreibtisch sitzt, wird man in der Nachbarschaft schnell bekannt sein als der faule Sack, der nachts immer Orgien feiert und ausschläft, während andere Menschen arbeiten müssen. Es ist ein zutiefst menschlicher Zug, so zu denken, den ich zutiefst verachtete. Was weder die Menschheit veränderte, noch mir irgendwas einbrachte. All mein Widerwille und vor allem mein Trotz änderten nichts an der Erkenntnis, dass es auch und gerade im Business nicht nur darauf ankommt, *was* man tut, sondern wie und wo man es tut.

So wurde das Projekt, an dem ich mitarbeitete, noch bevor es zur Umsetzung gelangte, eingestellt. Die Erkenntnisse daraus wurden allerdings schon bald umgesetzt, und zwar zu Ehren der Leiter eines neuen Projekts, unter anderem Namen, mit größerem lobbyistischen Geschick und ohne Einbeziehung des Lichthofes. Auch in der Wirtschaft gilt nicht einfach »Ehre, wem Ehre gebührt«.

Ich erwog natürlich sofort, ein anderes Unternehmen zu beraten, aber in Ermangelung von Ideen, wie ich das anstellen sollte, blieb ich und konzentrierte mich darauf, zumindest noch eine Vertragsverlängerung in einem weiteren Projekt zu erreichen. Das hätte ich mir vielleicht sparen sollen. So wie Flugbegleiter einst Stewardessen waren – wobei Steward im Altenglischen einen Verwalter bezeichnete – und heute zunehmend als Saftschubsen gesehen werden, so verlor das Business seinen Glanz für mich.

Es endete unerfreulich, im Streit um Entlohnung und mit der Gewissheit, keine weiteren Beraterverträge zu bekommen. Ich will aber nicht alle Schuld daran von mir weisen. Zugegebenermaßen hatte ich mir meine größte Chance selbst vermasselt.

Aufgrund privater Beziehungen, auch im Business eine der wichtigsten Qualifikationen, die es gibt, hatte ich einen Termin mit dem Vorstandsvorsitzenden erhalten. Zwanzig Minuten Gespräch, nur mit mir, im Zentrum der Macht eines riesigen, international operierenden Konzerns. Ich knüpfte mir meine beste Krawatte um und begab mich in das Büro, von dem aus man den Flughafen unter sich liegen sah wie ein großes Reißbrett. Das war der Moment, in dem in Filmen der Held seine Visionen und Vorstellungen aufzeigt, die den obersten Chef nicht zuletzt wegen ihrer Frechheit so beeindrucken, dass er dem jungen Innovator im Anschluss sofort den Lichthof als Büro überschreibt, ihn zum Projektleiter mit unbegrenztem Handlungsspielraum macht und außerdem als Nachfolger für den Vorstandsvorsitz vormerkt. Wenn er eine Tochter hat, ist auch eine Heirat nicht ausgeschlossen.

Doch er hatte nicht nur keine ledige Tochter in meinem Alter, es kam hinzu: Auf alle Fragen, die er stellte, wie:

»Wie läuft es denn so?«

»Bei welchem Projekt sind Sie? Wie sind die Ergebnisse?«

»Wie kommen Sie mit Ihren Projektleitern zurecht?«

»Was halten Sie von Ihren Führungsqualitäten?«

antwortete ich immer nur mit:

»Gut.«

Ich habe wahrscheinlich auch seine Frage danach, was ich zu Mittag hatte, mit »Gut« beantwortet. Er gab sich wirklich Mühe, mir Informationen zu entlocken, aber da kam nichts, außer »Gut«. Und »Gut« ist nicht immer gut genug. Nun muss ich zugeben, ich mochte die Projektleiter und ihre Arbeit, aber Treue kann auch eine Form von Dummheit sein. Nicht dass ich ihnen vor unser aller Chef in den Rücken hätte fallen müssen, aber das wäre ein guter Moment gewesen, meine persönlichen Ideen zu präsentieren. Wäre. Gewesen.

Ich fügte also der Statistik, wo gute Ideen meinerseits entstehen, eine nullprozentige Wahrscheinlichkeit für Chefbüros hinzu, und ging. Er seinerseits sah während meiner weiteren Zeit im Unternehmen dann auch keinen Anlass für weitere Termine mit mir. Ich nehme an, er glaubte einfach, alles sei gut.

Ab da gab es immer weniger Herumkommen um die Tatsache: Ein erneuter Sonnenuntergang stand an. Auch das Business hatte sich als nicht mit mir kompatibel erwiesen. Oder als zu hart, wer weiß. Das im Business oft benachteiligte

Private betreffend, hatte ich in Frankfurt eine bereichernde, erst glückliche, dann anstrengende, dann sehr anstrengende, aber reifer machende Zeit erlebt. Mit anderen Worten, ich hatte wie so viele, die ich im Business kennenlernte, eine nicht unkomplizierte Liaison. Die Schwierigkeit war, wir hatten eine sehr intensive Beziehung, sie hatte aber auch eine. Dazu kamen weitere Verwicklungen, deren Schilderung hier zu weit führen würde. Es war vorbei, kurz bevor meine Frankfurter Schule ihr Ende fand; sie entschied sich in salomonischer Weisheit dafür, unter beide Beziehungen einen Schlussstrich zu ziehen. Ich entschied mich, ganz in der Tradition eines Businessman von Welt, für ein Burn-out-Syndrom und machte mich auf in Richtung Heimat, nach München.

Doch war es kein unversöhnlicher Abschied, es fühlte sich mehr an wie eine natürliche Konsequenz. Ich liebe Flughäfen immer noch, dieses Konglomerat aus Versprechen von der großen weiten Welt, technischen Abläufen, die mir geläufig sind, und Krawattengeschäften, an denen ich immer mit einem Lächeln vorbeigehe.

Und einfach nur Passagier zu sein, hat auch seine Vorteile. So bekam ich einmal, nach einem Heimflug aus dem Urlaub, von einer Flugbegleitung eben jener Airline nach der Landung eine Tüte mit einem Ginfläschchen und einem Tonic aus der Bordapotheke zugesteckt. Wie ich am nächsten Tag herausfand, hatte sie außerdem eine Postkarte beigefügt, mit der Telefonnummer ihres Hotels und ihrer Zimmernummer. Die erste Zeile lautete »Lieber 15c mit den haselnussbraunen Augen«. Vielversprechender wurde ich selten angeredet. Als ich drei Sekunden später im Hotel anrief, war sie jedoch schon wieder in der Luft.

Da ihr Angebot jeglichen dienstlichen Richtlinien widersprach und sogar mit Kündigung bestraft werden konnte, möchte ich ihr, so sie diese Zeilen lesen sollte, von Herzen mitteilen: Es lag nicht an ihr, dass ich mich nicht meldete. Erwähnte ich bereits, dass ich manchmal Schwierigkeiten mit dem Timing habe? Doch man muss sich auch mit den verpassten Gelegenheiten im Leben aussöhnen, egal in welchem Bereich.

Business ist zwar Krieg, wie manche sagen, doch Pax bedeutet auf Lateinisch »Frieden«.

25 esoteriker

Um die Welt des Business zu vergessen und einen Blick auf die neue Welt zu werfen, besuchte ich meinen besten Freund, der in den USA studierte, und flog mit ihm und seinem Bruder nach Hawaii. Unsere Hauptbeschäftigung dort war, uns im Surfen zu versuchen, also dem Wellenreiten ohne Segel. Das macht unglaublich viel Spaß, ist aber auch unglaublich anstrengend. Zumindest Teile davon. Es ist ein gleichzeitig meditatives und aufregendes Gefühl, draußen im Meer auf dem Brett zu hocken und die richtige Welle abzuwarten. Und wenn man sich dann entschieden hat, gibt es kein Zurück mehr, dann ist man wie im Rausch. Das sprudelnde Gefühl, vom Kamm der Welle hinunterzukippen und auf einer Naturgewalt zu tanzen, die um so vieles stärker ist als man selbst, endet erst, wenn sich die Welle wieder aufs offene Meer zurückzieht und man sich als angespültes Strandgut mit dem Gesicht im Sand steckend fragt, ob der Körperteil, der gerade die Wange berührt, der Arm oder das Bein ist.

Die richtige Welle zu erwischen, so schien es mir, ist ein wenig wie den richtigen Beruf finden. Man erkennt mit der Zeit eher, welche Welle die richtige sein könnte, aber man weiß es immer erst, wenn man sie geritten hat. Und egal, wie viele Wellen man ausprobiert, es kostet weniger Kraft, sie zu reiten, wenn man nicht schwankt. Draußen hinter der Brandung auf die Wellen zu warten ist auch nicht anstrengend. Aber das Hinauspaddeln *nach* dem Wellenritt ist die Hölle. Durch die entgegenkommenden, sich brechenden Wellen dahin zu gelangen, wo man auf dem Brett schaukelnd die nächste Welle aussucht, ist der Teil, an den man vorher am wenigsten denkt, den man nie in Surfermagazinen auf Hochglanz abbildet und auch nicht der, von dem man träumt.

Auch als ich anschließend wieder nach Deutschland zurückkehrte, wollte ich mich dem Hinauspaddeln nicht sofort stellen. Um die Ruhephase finanziell zu überbrücken, heuerte ich in einer Weinhandlung an. Es schadet nie, sich ein wenig mit Wein auszukennen, anstatt nur so zu klingen. Und es ist eine Arbeit, die man auch gerne mal mit nach Hause nimmt, um dort kontemplativ an der Zukunft zu feilen. Tatsächlich wird Sachkenntnis im Bereich Wein als Baustein zum beruflichen Erfolg absolut unterschätzt. Mit Wein als Gesprächsstoff kann man sich überall sehen lassen und – egal mit wem – sorglos darüber plaudern. Ähnlich dem Fußball ist der Wein ein Thema, das – vom Flaschenpreis abgesehen – frei von Hierarchien ist. Da können der Vorstandsvorsitzende und der Praktikant ungezwungen auf Augenhöhe kommunizieren. So es sich bei einem der beiden nicht um einen Weinwichtigmacher handelt, also einen, der Vorträge über die geschmackssteigernde Wirkung des Gläserzentrifugierens halten kann und der eine halbe Stunde vor einem vollen Weinglas sitzt unter Inbetriebnahme von Wörtern wie »Brombeer« und »Leder«. Sobald das Etikett des unausweichlich teuren Tropfens abgedeckt wird, gerät der Wichtigmacher nämlich genau wie seine Gläser ins Schleudern. Genießer wissen zudem, ein Glas allein reicht nicht, man muss einem Wein auch mal ein bis zwei Flaschen lang Gelegenheit geben, sich vorzustellen. Wie in allen Dingen erkennt man auch hier den Ahnungslosen gerne daran, dass er sich unverständlich ausdrückt. Je besser jemand Bescheid weiß, ob es um Wirtschaft, Wissenschaft oder Wein geht, umso einfacher kann er sich ausdrücken. Und beim Wein gibt es nur ein einziges Kriterium, das bestimmt, ob es sich um einen guten oder schlechten Wein handelt, ein Kriterium, das alle Weinkenner, Vinothekare und Sommeliers gleichermaßen anerkennen: den Geschmack. Und der ist individuell. Wenn ein Wein schmeckt, dann ist er gut, alles Weiterführende ist schlicht Hobby.

So betrachtet hatte ich im Beruflichen schon viel probiert, wurde also langsam zu einem Berufskenner. Was ja von Vorteil sein kann, solange man die Panik davor unterdrückt, nie mehr was zu werden. Leider war diese Panik bei mir reichlich vorhanden. Doch kam aus völlig unerwarteter Richtung unerwartete Inspiration. Ich wohnte, wieder zurück in München, in einem zwölf Quadratmeter großen Zimmer, und zwar in einer Haus-WG, deren Wohnzimmer hundertfünfzig Quadratmeter groß war. Dort fand, dank Zuspruchs von Mitbewohnern und um Geld in die Haushaltskasse zu spülen, ein Seminar statt, zwei Wochenenden lang. Es handelte sich um ein Esoterikseminar, dessen Motto »Wechsel jetzt!« auf mich zutraf wie die Faust aufs Auge. Nun ist Hardcore-Esoterik nicht unbedingt das, was sich die meisten unter einer idealen Berufsberatung vorstellen, aber in meinem Fall kann man eine gewisse Wirksamkeit nicht ausschließen.

Bei esoterischen Veranstaltungen muss man zunächst einmal trennen zwischen der Form, dem Inhalt und den Beteiligten. Die Form macht es schwer, Zugang zu finden. Der Inhalt wird gerne unterschätzt und ist meist eine sinnstiftende

Ansammlung grundsätzlicher metaphysischer Gedanken. Am schwierigsten aber ist der Umgang mit den Beteiligten. Denn dazu gehören, neben ganz normalen Menschen wie du und … anderen, auch über die Maßen enthusiasmierte Glaubensstreber. Die sind wohl am ursächlichsten daran beteiligt, dass der Esoterik der Ruf vorauseilt, Auffangbecken für frustrierte Sozialpädagogen und Hausfrauen mit Tellerbemalungshintergrund zu sein.

Hinzu kommt jedoch auch, dass die meisten Menschen der Esoterik begegnen wie ein typischer christlicher Westeuropäer einem Hindu. Mit einem ins Zoologische spielenden Interesse an den Glaubenssätzen, einem großzügigen Respekt für die jahrtausendealten Schriften und einem völlig verständnislosen Kopfschütteln vor den Bräuchen. Bei aller Freude an Reinkarnation, wenn man seine Leichen nicht im Keller hat, sondern in den Fluss wirft, in dem man auch badet, dann hat der Spaß ein Loch, und man vermutet als nächsten Schritt, dass sich die Beteiligten Knochen durch die Nase ziehen und weiße Missionare in großen Kochtöpfen brutzeln. Das ist wahrscheinlich umgekehrt ähnlich, wenn der aufgeklärte Hindu erfährt, dass ein bunt gewandeter Mann in Rom in seiner Vinothek das Blut von Jesus aufbewahrt. Das Fremde ist eben oft erst mal lächerlich. Aber woran erkennt man, ob es so dumm ist, wie es scheint?

Grundsätzlich fand ich es immer schon bedenklich, dass man bei der Betrachtung von Robinson Crusoe und Freitag davon ausgeht, dass Robinson Crusoe der Überlegene ist, weshalb er Freitag beispielsweise seine Sprache beibringt, die der Kannibalentrottel mühsam erlernt. Und wenn er sie dann endlich spricht, hört er sich dabei an wie ein heidnischer Haushund, der gerade mal das Einmaleins bellen kann.

Aber wenn sich zwei Menschen treffen, die sich nicht verständigen können, und einer der beiden lernt die fremde Sprache des anderen, welcher der beiden ist der Intelligentere? Der Sprachenlerner oder der Sprachenlehrer?

Was nun Esoterik oder jegliche Form von Glauben betrifft, ist es wohl wirklich so, dass man die Sache nur beurteilen kann, wenn man den sogenannten »Sprung in den Glauben« vollzieht, über den Verstand und den eigenen Lebensentwurf hinweghüpft und sich dann das Ganze von innen ansieht. Diese Idee stammt natürlich nicht von mir, sondern von Herrn Kierkegaard, der aber selbst nicht am Wochenendseminar teilnahm.

Ich selbst habe an dem Seminar übrigens auch nicht offiziell teilgenommen, es war in meinem Fall eher ein zweiter Bildungsweg. Mein Zimmer war nämlich das Raucherzimmer der Seminarteilnehmer, woran man erkennt, dass Ungesundes und Heiliges nicht nur in der Kirche gut miteinander harmonieren.

Aber genug der Vorrede, letztlich handelt es sich bei diesen Grundsatzbetrachtungen nur um meinen Versuch, die Tatsache abzumildern, dass ich dabei zusah, wie jemand Bevollbartetes vor einem Kreis von Menschen saß, die Augen halbgeschlossen, als wäre er ein menschliches Festmöbel am Tresen einer Trinkhalle um halb vier Uhr nachts, und einer Runde Schneidersitzmenschen erzählte, er sei ein Außerirdischer. Einer, der gerade im Raumschiff unterwegs sei, dorthin, wo immer Außerirdische samstagnachmittags hinfliegen, wahrscheinlich zu einem telekinetischen Fußballturnier, und der nun durch den Bärtigen spreche. Und dann erzählte er. Und ich sah erwachsene Menschen dabei nicken, zustimmend und entspannt, erfreut oder auch beseelt dreinblicken. Im Anschluss wurde meditiert.

Die gerade geschilderten Ereignisse waren dabei nur die Spitze des Eisbergs.

Ich war mir natürlich absolut der Tatsache bewusst, es im Wohnzimmer mit einer Horde komplett Geistesgestörter zu tun zu haben, die vielleicht jeden Moment den Teppich essen oder entkleidet auf die Straße rennen würden, um dort mit herbeimeditierten Bällen und einem visualisierten Netz Volleyball zu spielen.

Aber das änderte nichts daran, dass ich mich unter anderem mit dem Bärtigen gut verstanden habe, genauso wie mit weiteren Seminarteilnehmern, mit denen ich bis heute freundschaftlich verbunden bin. Auch ich fand mich am Ende des zweiten Wochenendes bei der Meditation wieder und hatte die seltsamsten Filme vor dem inneren Auge laufen.

Ich hatte von den Erzählungen der anderen her Visionen mit Engeln, Ägyptern oder Mayas erwartet. Aber der Regisseur meiner Initiation hatte wohl wenig Sinn für herkömmliche Esoterik.

Bei meiner ersten Meditation sah ich, von Panflöten und Synthieklängen begleitet, Folgendes:

Ich befand mich auf der Leopoldstraße in Höhe Akademiestraße und schaute aufs Siegestor. Dort stand ein Elefant, ungefähr einen Meter siebzig groß, der mich musterte und sagte:

»Elefanten sind größer.«

Ich stimmte zu. Sie wuchs daraufhin – ich hatte natürlich sofort erkannt, dass es sich um eine Elefantin handelte, an den sanft geschwungenen Ohren, der aufreizend gekurften Hüfte und dem kecken Schwung des Rüssels. Als sie den ganzen Bogen des Siegestors ausfüllte und es hochhob wie die Sänfte eines Maharadschas, kamen plötzlich Massen von

Nashörnern auf sie zugelaufen. Einige hatten sogar ihr Essen dabei, darunter Gyros, Frühlingsrollen und McDonald's-Tüten. Sie versuchten die Elefantin mit ihren Hörnern zu pieksen, um ihr die Luft rauszulassen.

Ich war darüber empört und dachte mir gleichzeitig, lieber Visionsfrischling, du weißt aber schon, dass du gerade meditierst und entweder bald Castaneda liest oder dich einliefern lässt.

Sie hingegen trötete den Nashörnern zu:

»HAAHAAA«, und meinte zu mir:

»Es kann nix passieren. Das ist alles echt.«

Ich war nicht überzeugt und weiter in Sorge. Aber scheinbar haben Nashörner ihre Luftventile an den Hörnern, und die wurden beim Pieksen beschädigt, so dass ihnen selbst die Luft ausging, bis sie ungefähr Dackelgröße erreicht hatten. Daraufhin beschlossen sie, sich mit Wodka Bull wieder großzumachen, und zogen Richtung Innenstadt davon.

Ich blickte stolz auf die Elefantin, die sich mit einem Lächeln und dem Siegestor auf dem Rücken in Bewegung setzte.

»Komm«, sagte sie.

Auf dem Siegestor stand in großen Lettern:

»Dem Trieb geweiht, vom Trieb zerstört, zum Fliegen mahnend.«

Mein letzter Gedanke, während die Elefantin Richtung Münchner Freiheit lief und eine Stimme das Ende der Meditation verkündete, war:

»Geiler Arsch.«

Dann wachte ich auf.

Und das ganz ohne chemische Zusätze, da in den Pausen nur Bioware gereicht wurde und komplett auf anionische Tenside in Pillenform oder illegale Rauchwaren verzichtet wurde. Es gab nur Rotwein am Abend, den ich mit dem Bärtigen trank. Ein Engländer, der im Übrigen ebenfalls vollen Herzens der Ansicht war, sich vor Menschen zu setzen und im Namen eines Außerirdischen zu sprechen, sei absolut lächerlich und anstaltsreif. Nur ließ er sich von diesem Gedanken nicht davon abhalten, genau das zu tun. Ich musste – und das tat ich sehr ungern – einräumen, dass mir selbst der eine oder andere Moment unglaublich gutgetan hatte, auf rein emotionaler Ebene, und mir einige sonst sehr selten gefühlte Momente der inneren Entspannung beschert hatte. Da sieht man einfach über einiges hinweg. Ich verstand zum ersten Mal ansatzweise junge Frauen zwischen fünfzehn und fünfundzwanzig, die sich mit Regelmäßigkeit Typen zum Freund aussuchen, gegenüber denen aus meiner Sicht ein bärtiger Außerirdischer eine echte Verbesserung dargestellt hätte. Und da nehme ich die Frauen, die sich in diesem Alter für mich entschieden hatten, nicht aus. Manchmal geben einem einfach die seltsamsten Dinge ein gutes Gefühl. Darüber sollte man nicht im Detail nachdenken, sondern einfach nur das Gefühl genießen. Und ich genoss es – nach zwei anstrengenden Jahren Business, Meetings und dem ständigen Versuch, auch die aus dem Bauch heraus getroffenen Entscheidungen immer nur als Folge logischen Denkens zu verkaufen –, einfach mal die Gefühlssau rauszulassen. Die Absurdität des Ganzen half da sogar, sozusagen als Protestmarsch gegen den Verstand.

Obwohl der Protest auch an seine Grenzen stieß. Als während des Seminars eine Teilnehmerin eine halbe Stunde lang detailliert erzählte, wie ihre Katze, die wie alle Katzen vom Sirius stamme, sie beobachte, und woran man sehe, dass es sich bei Katzen um eine höhere Lebensform handele, wurde ich dann doch von meinem Verstand überstimmt. Aber die

Tatsache, dass ich mir die ganze als Frage getarnte Siriusrede (übrigens ist es ein beliebtes Prinzip bei Wichtigmachern in jedem Bereich, scheinbare Fragen als Schwafelgelegenheit zu nutzen) angehört hatte, ohne die Rednerin unwirsch zu unterbrechen und in den Katzenkorb zu sperren, zeigte mir doch, wie ausgelaugt ich generell war. Deshalb war es mir auch völlig egal, ob die erlebte Entspannung von einem außerirdischen Raumschiffkapitän oder süditalienischen Zwergelfen kam. Solange ich ein gutes Gefühl hatte, war ich dabei und blendete das Beiwerk aus.

Das hatte ich in gewisser Weise bei jedem Beruf gemacht, den ich je ergriffen habe. Und Esoteriker ist ja in den meisten Fällen eher ein Nebenberuf. Abgesehen davon ist nicht alles immer ein Bund fürs Leben, so wie die Freunde der Fünfzehn- bis Fünfundzwanzigjährigen selten deren Ehepartner werden. Für den Moment galt, was oftmals gilt, egal für welches Alter: Das Herz ist mächtig, und es ist ein Idiot, das macht es so liebenswert, so unbestechlich und so schmerzhaft. Und wohl auch so weise.

Doch das wahrscheinlich Entspannenste, Wohltuendste und Sensationellste an all dem war, dass ich mich bis über beide Ohren in eine Seminarteilnehmerin verliebt hatte. Und diesmal war es beidseitig. Wollen wir sie Iris nennen, die Götterbotin, und weil Iris auch »Regenbogen« bedeutet. Es begann bei einem Spaziergang an einem See, sie war wunderschön, und sie aß jeden Tag eine Tafel Schokolade. Für mich war es das zweite Nachhausekommen, das ich erlebt habe. Der »Wechsel jetzt!« hatte also stattgefunden, ich war nicht mehr Single.

26 dokumentarfilmer

Iris und ich verbrachten sehr viel verliebte Zeit zusammen und beschlossen bald, unser gemeinsam gefundenes Hobby, die Esoterik, zum Beruf zu machen. Um zu zeigen, welch wunderbare Dinge sich auftun, wenn man spontan ist, sich auf dem Weg inspirieren lässt und einfach ganz entspannt die Absicht hat, schöne Begegnungen zu haben, beschlossen wir, Dokumentarfilmer zu werden, und fuhren für sechs Wochen an einen der klassischen Orte esoterischer Sehnsucht, nach La Gomera.

Sie hatte schon Erfahrung mit Film gesammelt und besaß eine Videokamera. Ich brachte Erfahrung im Camping und mit angewandter Absichtslosigkeit am Meer mit. Da ich in Teilzeit als Weinverkäufer arbeitete und mein Konto ein größeres Loch aufwies, finanzierte sie die Reise. Dass sie sich mit mir auf eigene Kosten in eine solche Aktion stürzte, halte ich immer noch für wahnwitzig großartig, zumal sie drei Jahre älter und »geerdeter« war, wie man in der Esoterik die Eigenschaft nennt, nicht pleite zu sein und seine Steuererklärung selbst ausfüllen zu können.

So landeten wir eines Tages ganz absichtslos auf Gomera und suchten uns eine Bleibe. Anschließend schauten wir, was passieren würde. Das nahm einige Tage in Anspruch, die wir sehr miteinander genossen. Von absichtsloser Absicht getrieben drangen wir schließlich in ein Bergdorf vor, das so wirkte, als wären dort recht absichtslose Einwohner ansässig. Prompt trafen wir eine Frau, die ich von früher aus der Disco kannte, in die ich mit Klytämnestra immer gegangen war, und die mittlerweile nach Gomera ausgewandert war. Sie hatte mir damals den Tequila serviert, als ich Ägisthos den Brief aus Übersee überreichte. Sie zu treffen war ein eindeutiges Zeichen, auch wenn ich nicht wusste, wofür. Aber wenn sich ein Kreis schließt, kann man nun mal nicht mehr hinein und sich umsehen.

Sie erzählte uns vom Leben auf der Insel, den einheimischen Lebensstrukturen und den geheimnisvollsten Orten. Nicht zuletzt waren wir ja auch auf der Suche nach sogenannten Energieplätzen oder Kraftorten. Also Orten, die besonders sind und etwas ausstrahlen. Ich nehme an, jeder weiß, um was es sich dabei handelt, und dass mit Energie und Kraft hier nicht das gemeint ist, was in Fitnessstudios passiert. Wir bekamen den Tipp – von dem unser Reiseführer schon im Ansatz berichtet hatte –, der Gipfel eines bestimmten Berges sei besonders kraftvoll, ein heiliger Ort der gomerischen Ureinwohner. Die waren fast alle vor Hunderten Jahren umgebracht worden. Ich nehme an, dass sich Kolumbus deshalb dafür entschied, von Gomera aus in Richtung neuer Welt zu segeln. Thematisch passte das perfekt. Wir bestiegen also den Berg, um dort eine Nacht zu verbringen. Schon vor Sonnenuntergang suchten wir die Felsen aufgeregt nach alten Ureinwohnerinschriften ab und entdeckten sogar etliche, wobei es sich vielleicht auch um natürliche Verwitterung gehandelt haben könnte. Nebelschwaden umwehten den Gipfel. Die Dunkelheit senkte sich über uns, und wir warteten auf … nun ja, wir wussten nicht genau, worauf. Vielleicht haben wir es deshalb auch verpasst, weil wir es nicht wussten. Dabei waren wir sehr »offen« – außer einmal, als wir uns für eine halbe Stunde furchtbar stritten.

Der Morgen brach an, und der Berg hatte geschwiegen, was man ihm nicht verübeln sollte, das machen Berge ja öfter so. Wie ich kürzlich feststellen konnte, wurde mittlerweile zumindest ein Fitnesscenter auf Gomera nach dem Berg benannt.

So wanderten wir zurück. Wir waren unerleuchtet geblieben, aber es war schön gewesen, im Freien zu übernachten. Auf dem Rückweg dann war ich mir ganz sicher, in einem Seitental den Eingang einer Pyramide entdeckt zu haben, und wollte dem unbedingt nachgehen. Ein großer archäologischer Fund war etwas, wovon ich immer schon geträumt hatte. Aber ich sah dann doch davon ab, wohl um nicht noch einmal enttäuscht zu werden und um nicht in bürgerliche Betriebsamkeit zu verfallen.

Trotz aller weiteren Absichtslosigkeit gestaltete sich der Rest der Zeit auf Gomera fast wie Urlaub. Und beim fortgesetzten Studium der deutsch-esoterischen Gemeinde fiel uns auch auf, dass diese trotz aller gelebten Absichtslosigkeit verdächtige Übereinstimmungen mit der Gesellschaft zu Hause zeigte. Es gab die Unterschicht, die am Meer in einer Höhle lebte, in der sogenannten Schweinebucht, so bezeichnet wegen des Fehlens sanitärer Einrichtungen. Diese Unterschicht sah man abends am Dorfplatz für ein paar Münzen trommeln oder tanzen. Dann gab es die Mittelschicht, die in dem Bergdorf lebte und deren Mitglieder alle Masseur werden wollten oder Kartenlegerin oder Lebensberater oder Yogalehrerin oder Meditationsleiter oder alles zusammen. Und dann gab es die Oberschicht, die immer irgendwas mit Hauskonstruktion zu tun hatte und die der Mittelschicht die Häuser baute, wobei sie selbst in renovierten Fincas auf Gütern außerhalb lebten.

Dokumentarisch zu zeigen, wie man aussteigen und dann auf andere Art wieder einsteigen kann, hätte Iris und mir durchaus Freude bereitet. Aber wir stellten zunehmend fest, dass man für Dokumentarfilme immer mitfilmen muss, was die Stimmung erheblich beeinträchtigt. Uns beiden fehlte das Paparazzo-Gen, das bewegende Momente sofort mit einer Kamera einfangen muss. Das wirkt sich auf das Dokumentarfilmen natürlich einschränkend aus.

Wir waren also auf Gomera so etwas wie Jäger gewesen, die mit einer Schrotflinte nachts in den Himmel schossen und dann darauf warteten, dass Wild vom Himmel fiel. Was nicht geschah. Nun, man muss auch das Positive sehen, es wurden dabei wenigstens keine Tiere verletzt.

Was die Esoterik betraf, waren wir einem weit verbreiteten Missverständnis aufgesessen, das einem im frischen missionarischen Eifer gerne unterläuft. Nicht jeder, der ab und zu mal in die Kirche geht, sollte Pfarrer werden. Trotzdem hatte es sich gelohnt, denn die Esoterik hatte mir, obwohl die große Begeisterung mit der Zeit verflog, zumindest vermittelt, dass »auf dem Weg sein« kein falscher Zustand ist. Bis dahin wollte ich überall, wo ich war, schon angekommen sein. Nun war ich zum ersten Mal einfach nur unterwegs.

Wenn man aufmerksam lebt, könnte man das sogar in Weinhandlungen lernen. Denn bloß weil man gerne Wein trinkt, ist es nicht sinnvoll, sofort Winzer zu werden. Sondern man sollte die Flaschen, die einem schmecken, leeren. Eine nach der anderen.

27 hausmann

Eines war sicher nach dem Dokumentarfilmprojekt, es galt für mich, wie immer Vorstellungen loszulassen – und dennoch die Frau zu behalten. Also zog ich, mit ihrem Einverständnis, zu ihr. Es war eine Zweieinhalb-Zimmer-Wohnung, also nicht riesig, aber auch nicht schizophren. Nun folgte eine Phase, mit der immer zu rechnen ist, wenn man sich wie Kolumbus oder Magellan in eine neue Welt aufmacht, aber noch nicht angekommen ist. Nämlich die Phase, in der sehr, sehr lange nichts passiert, außer Skorbut. Mit »nichts« ist in diesem Fall vor allem die Abwesenheit von Aktivität meinerseits gemeint.

Ich hatte mich, trotz aller guten Vorsätze, doch wieder hinreißen lassen, bevor ich blind beruflich neu loslegte, zu suchen. Ich wollte wissen, was denn nun meine wirkliche, innere Berufung war. Doch diesmal wollte ich nicht mehr im Außen suchen, sondern ausschließlich innen. Dafür war es wichtig, viel bei mir zu sein und mich nicht ablenken zu lassen. Auch nicht durch Arbeiten, und so kündigte ich in der Weinhandlung. Was nur möglich war, weil Iris arbeitete und Geld verdiente. Das war natürlich keine Situation, auf die ich sonderlich stolz war, aber sie glaubte an mich, was mich bis heute erstaunt, und war guter Hoffnung, sobald ich die Lösung gefunden hätte, würde ich sofort in der Lage sein, mich zu revanchieren und die Schulden zu begleichen.

Ärgerlicherweise war es so, dass diese Schieflage natürlich einen gewissen innerlichen Druck aufbaute, der wiederum nicht förderlich dafür war, zu einem aus Leichtigkeit geborenen Ergebnis zu gelangen. »Nichts« hat eben die Eigenschaft, sehr gerne gefüllt zu werden, vor allem wenn die Freundin die Lebenskosten bestreitet. Also begann ich, es zu füllen, natürlich ohne dabei dem Prinzip der Kontemplation untreu zu werden. Der Plan war, die Nichtsfüllung mit der gefühlten Ehrenschuld zu verbinden, aber räumlich nicht zu weit von mir entfernt zu sein. Also übernahm ich die haushaltlichen Pflichten. Das Einkaufen, das Putzen und das Kochen. Obwohl Letzteres eine meiner Lieblingsbeschäftigungen ist, besonders wenn ich Essen nicht nur für mich allein zubereite, nahm es mit der Zeit leicht manische Züge an. Was dazu führte, dass ich zuweilen ab dem frühen Abend neben dem brutzelnden Essen saß, mit den Fingern auf der Tischplatte trommelte und mich mit jeder verstreichenden Minute mehr über die Zuspätkommende empörte. Man kennt das aus Filmen oder von den Eltern oder mit zunehmendem Alter von Freunden, wenn der zu viel arbeitende Mann nach Hause kommt und die enttäuschte Frau übellaunig neben dem kalten Braten wartet. Das Geschlecht des Wartenden ist aber für die Situation völlig unerheblich, wie ich im Verlauf der Zeit immer öfter demonstrierte. Wobei bei Frauen das Zuhausebleibenmüssen oft an Kindern liegt. Ich war zwar ebenfalls schwanger, aber ich wusste nicht mit was, und eine Geburt war nicht abzusehen. Wenn Iris dann nach Hause kam, stritten wir, wie sich das in solchen Momenten gehört, und ich fühlte mich auch nicht besser oder männlicher oder versorgender oder zweisamer, nur weil ich mit seltsamen Moralitätskomplotten meine finanzielle Abhängigkeit verschleiern wollte.

Es wurde immer schlimmer. Ich lag auf dem Sofa, auf einem Lammfell, und hatte zunehmend das Gefühl, bei lebendigem Leibe Schimmel anzusetzen. Wenn man so vor sich hinmodert, dann fällt nach und nach jeder Wille zur Kontemplation von einem ab. Tatsächlich wurde der Modergestank so intensiv, dass ich sonst fast nichts mehr roch, nicht mal mehr wenn ich kochte.

Jeden Tag schmiedete ich vormittags Pläne, die ich gegen Nachmittag wieder verwarf, um dann planlos zu kochen. Die einzige Abwechslung bestand darin, ein- bis zweimal wöchentlich mit zwei alten Freunden, beides Musiker, Badminton zu spielen. Wir sprachen danach auch sehr regelmäßig über unsere Zukunftspläne und darüber, wie wir am besten dorthin gelangen würden. Sie waren zwei der wenigen, die mit engelsgleicher Geduld all meinen wöchentlich neuen Ideen lauschten und sie ernsthaft mit mir diskutierten. Und das, obwohl sie mich schon zehn Jahre kannten. Vielleicht weil sie als Musiker vertraut damit waren, dass Pläne nicht immer aufgehen, aber immer ernst gemeint sind, und sei es auch nur für fünf Minuten.

Problematisch war an diesen Badmintonspielen, dass sie Geld kosteten. Geld, das ich nicht hatte und mir ebenfalls von meiner Freundin leihen musste. Wenn jemand für den Unterhalt in Form von Miete aufkommt, merkt man das nicht immer so direkt – das weiß ja jeder noch von seiner Zeit als Schüler –, aber wenn man, obwohl man viel Geld in Anspruch nimmt, auch noch um Barmittel für die Freizeitgestaltung bittet, knirscht das schon zwischen den Zähnen.

So habe ich einmal, als ich es nicht mehr aushielt, mein

Heiligstes zum Verkauf geboten. Meine Schallplatten und meine Bücher. Rundes Vinyl und bedrucktes Papier verkaufen! Mehr muss ich wohl nicht sagen, um meine Verzweiflung zu veranschaulichen. Ich habe tatsächlich einen Teil davon auf dem Flohmarkt verscherbelt. Natürlich erst nachdem ich die überlebenswichtigsten Bücher und Platten zum Verbleib ausgesucht hatte, als Rettungsring sozusagen. Viele Freunde, die hörten, ich würde meine Platten verkaufen, riefen mich besorgt an. Andere wiederum erzählten mir bei jeder sich bietenden Gelegenheit, es sei jetzt an der Zeit, endlich mal was zu tun. Ein Kumpel, der zehn Jahre zuvor Läden beklaut hatte, um sich das Kiffen zu finanzieren, hielt mir mittlerweile Vorträge über die Sicherheit von Arbeitsplätzen und Altersvorsorge. Irgendetwas passiert mit Menschen zwischen fünfundzwanzig und Anfang dreißig, sie werfen ihre Jugend in die Wäsche oder hängen sie an einen Kleiderhaken wie »Stock oder Hut« und holen sie nur noch an runden Geburtstagen oder Firmenfeiern hervor. Doch was immer bei diesen Menschen passierte, es war an mir vorübergegangen, und ich wusste tief im Inneren, es würde nie mehr vorbeischauen. Ich wusste selbst nicht, was ich ihnen zu meiner Situation erzählen sollte. Ich habe wohl irgendwas von Freiheit geschwafelt.

Als ich in Australien mit einem Dollar in der Tasche dastand, hatte ich nichts zu verlieren. Meine Platten waren zu Hause im Schrank, und sonst besaß ich nicht viel. Seitdem aber hatte ich doch einige Dinge erworben. Und wenn man etwas verliert, nachdem man es mal hatte, ist es wesentlich unangenehmer.

Ich war zwei Jahre zuvor, im Anschluss an die Hawaiireise, noch mit dem Bruder meines besten Freundes in Las Vegas gewesen. Dort hatten wir eine Nacht im Casino durchgezockt. Wir hatten jeder hundert Dollar in die Hand genommen, sieben Stunden damit gespielt, und waren dann um sechs Uhr morgens abgebrannt auf unser Zimmer geschlichen. Dort haben wir innerlich völlig leer auf die ebensolche Wüste geblickt. Wir waren beide nur um diese hundert Dollar ärmer, von denen wir uns ja von vornherein verabschiedet hatten. Aber da wir bis fünf Uhr morgens jeder fast zweihundertfünfzig Dollar gewonnen hatten, die zwei Stunden später allesamt wieder weg waren, hatten wir am Ende das Gefühl, ein Vermögen samt nicht vorhandenem Haus und Hof verspielt zu haben. Und das, obwohl wir uns fünf Stunden lang mit Gin Tonics an den Spielautomaten Mut gemacht hatten, bevor wir siegesgewiss und in vollem Bewusstsein unserer James-Bond-artigen Verve zum Pokertisch gegangen waren. Danach dauerte es wie gesagt nicht mehr sehr lange. Das Gefühl des Verlusts währte noch drei Tage lang.

Das auf dem Flohmarkt verdiente Geld habe ich zu großen Teilen in den gemeinsamen Haushalt investiert. Aber ich wollte mehr. Badminton! Deshalb ging ich ans Tafelsilber. Ich inserierte ein paar Schätze, Platten, von denen ich wusste, dass sie wertvoll sind. Amon Düül auf Ohr Records gepresst im Neuzustand beispielsweise, und ein Bootleg von einem Eurythmics-Auftritt mit einer großartigen Version von »The Miracle of Love«, aufgenommen bei einem Konzert an der Berliner Mauer, über das in der Zeitung berichtet wurde, weil es auf der anderen Seite der damals noch nicht gefallenen Mauer Krawalle gab, worauf Annie Lennox sogar in der Ansage des Songs einging. Und eine Kiss-Japanpressung mit meinem Lieblingslied aus Pensacola: »World without Heroes«. In der Tat hatten Helden gerade Urlaub.

Es klingelte. Ich zuckte zusammen. Normalerweise ging

ich gar nicht mehr an die Tür, aus Angst vor Gläubigern oder Einschreiben, aber diesmal wusste ich, es ist der Plattenkäufer. Vor der Tür stand ein Unsympath sondergleichen, der nicht grüßte, sondern sich sofort lieblos, kalt und verächtlich durch meine Platten wühlte wie ein besoffener Arsch, der Frauen herrisch angrabscht. Anstatt ihm aber eine Ohrfeige mitzugeben und ihn heimzuschicken, verkaufte ich ihm vier Platten unter Preis, bevor ich ihn so verabschiedete, wie er mich begrüßt hatte. Mit diesem Geld fuhr ich eine Stunde später zum Badminton. Als ich dort den Court zahlte, fühlte es sich an, als wäre es Geld, das ich von einem besoffenen Grabscher fürs Anfassenlassen bekommen hätte, um damit selber woanders kurz grabschen zu dürfen: unendlich schmutzig.

Und als meine Freundin heimkam, wurde es noch ein wenig ungemütlicher. Nachdem ich ihr erzählt hatte, wie furchtbar es war, so tief zu sinken, nur um Badminton zu spielen, und auf ihr Mitgefühl wartete, pfiff sie mich an, warum ich das Geld nicht lieber ihr gegeben hätte, denn das wäre ehrlicher gewesen. Anstatt darüber zu jammern, was ich für meine Freizeit bezahlen musste. Es war die eindringlichste Lektion meines Lebens in Sachen Verantwortung. Der Preis für Freiheit und der Preis für Freizeit ist manchmal hoch. Ich bin mir zwar immer noch sicher, es war wichtig, an diesem Tag Badminton gespielt zu haben, weil sonst der Schimmel endgültig gesiegt hätte und ich der totalen Verwesung anheimgefallen wäre, aber Iris hatte trotzdem uneingeschränkt Recht.

In meinem Lieblingskinderbuch, *Die Abenteuer des starken Wanja*, muss Wanja sieben Jahre auf dem Ofen liegend verbringen und dabei sieben Säcke Sonnenblumenkerne essen, um stark genug zu werden, eine Reihe von Abenteuern zu bestehen, Zar zu werden und Wassilissa, die schöne Tochter des Zaren, zu heiraten. Das nun war mein Wanja-Jahr, allerdings gab es einige geringfügige Unterschiede zwischen Wanja und mir. Abgesehen davon, dass mein Ofen ein Sofa war, und davon, dass Wanja meines Wissens nie Badminton spielte oder Bücher und Schallplatten besaß, außer vielleicht später als Zar, wusste Wanja von selbst, wann die Zeit gekommen war, den Ofen zu verlassen. Ich wusste das nicht. Irgendwann drehte ich mich immer nur noch im Kreis um das Sofa.

Und so hätte ich weitergekreist, wenn ich nicht geweckt worden wäre. Das ist eines der Dinge, die eine Klassefrau ausmachen. Nicht nur großzügig über Peinlichkeiten hinwegzusehen, sondern auch den richtigen Moment zu kennen für einen saftigen Tritt. Iris nahm mich eines Tages beiseite und erklärte in ruhigem Tonfall und in den Worten der Liebe:

»Entweder du kriegst deinen Arsch hoch, oder wir trennen uns!«

Das waren genau die richtigen Worte zur genau richtigen Zeit. Denn die Beziehung zu ihr war – neben den restlichen Platten, einigen Büchern und dem Badmintonschläger – das Einzige, was ich besaß, und sie selbst war das, was mir wirklich etwas bedeutete, durch all den Schimmel hindurch. Sie zu verlieren machte mir mehr Angst als jeder Gläubiger oder Plattenankäufer.

Ich nahm den nächstbesten Job, einfach um etwas zu tun, was Geld einbrachte und mich vom Sofa fernhielt. Von meinem ersten Gehaltsscheck habe ich Iris eine sehr teure Sonnenbrille gekauft. Das hat sich göttlich angefühlt.

Auf Hawaii hatte ich, wenn wir surfen gingen, immer meinen Geldbeutel im Sand vergraben, damit er nicht geklaut wurde. Am letzten Tag surften wir, bis nichts mehr ging und auch niemand mehr am Strand war. Schließlich packten wir ein und marschierten Richtung Ort. Nach fünfzig Metern fiel mir mein Geldbeutel ein. Ich drehte mich um und sah die Bucht von Hanalei, ein dreihundert Meter langer Sandstrand, fünfzig Meter breit, weit und leer. Ein Paradies, und irgendwo darunter mein Geldbeutel.

Wir buddelten fünfundzwanzig Minuten lang, nachdem wir eine Viertelstunde wie indianische Spurenleser unseren Liegeplatz gesucht hatten. So etwas, fand ich heraus, kann einem auch auf der Couch passieren. Wenn man wertvolle Dinge vergräbt, sollte man bei sich bleiben, um sie wiederzufinden.

28 entrepreneur

Der erste Job nach Wanja führte mich mal wieder in ein Lager, ich packte Kartons und belud Lkws. Es war nicht erfüllender als Schaukeln oder Treppenhäuserputzen, aber es war zumindest etwas, das ich tat. Besser als nichts. Neben dem Job begann ich, von dem Moderjahr noch unter Schock, ins Auge zu fassen, etwas gegen Geld zu tun, was ich mir nie hätte vorstellen können. Schreiben.

Als Teenie hatte ich pflichtbewusst Teeniegedichte geschrieben, so wie es sich gehört, darunter auch genau die Art von Gedichten, die der Welt auf immer verborgen bleiben sollten, schon des Selbstmitleids wegen. Auch hatte ich ja viele Liebesbriefe verfasst, und das nicht nur in eigener Sache, auch als Ghostwriter und sogar als Cyrano. Für alle sich bietenden Anlässe wie Hochzeiten, Jubiläen oder Geburtstage hatte ich Gedichte verfasst. Während der Esoterikhochphase hatte ich *Garp und wie er die Welt sah* gelesen und mich an der Vorstellung delektiert, dass es nur den Vorsatz braucht, zu schreiben, eine Zeile zu Papier zu bringen mit der Absicht, ein Buch zu schreiben, um Schriftsteller zu sein. Das hatte mich gefreut, denn eine Zeile mit Buchabsicht war schnell geschrieben, und das somit erreichte Schriftstellerdasein würde es mir ermöglichen, Worte wie »delektieren« zu verwenden. Aber leider waren das alles theoretische Konzepte, ich hatte die Zeile nie geschrieben. Und beruflich kam das sowieso nicht infrage. Weil es zu persönlich war. Und viel zu privat.

Da ich aber erlebt hatte, wie unglaublich privat auch Berufslosigkeit mit Anfang dreißig sein kann, versuchte ich mich schließlich doch in dieser Richtung. Werbetexter schien mir die richtige Mischung aus Kommerz und Hobby. Ich schrieb einen Text, den ich nachts – wegen der geringeren Gebühren – landesweit an einhundert Agenturen faxte. Um mich nicht nur darauf zu verlassen, startete ich auch bald eine flächendeckende Offensive. Ein bisschen Wanja war wohl doch im Lammfell gewesen.

Ich hatte einen Computer, also brachte ich mir selbst ein rudimentäres Programm zur Erstellung von Websites bei und offerierte Webdesign. Ich erfand einen revolutionären Turnschuh, meldete ihn beim Patentamt an, präsentierte ihn bei Adidas und verhandelte mit Nike. Ich entwarf ein Logo für das Unternehmen, dem ich meinen ersten Job als EDVler verdankte, und besitze heute noch ein Handtuch mit diesem Logo. Ich bewarb mich bei zehn Unternehmen für Festanstellungen im Marketing und als Texter, woraus fünf Vorstellungsgespräche resultierten (was nur daran lag, dass ich ein Händchen dafür hatte, einen krummen Lebenslauf als Linie zu verkaufen, seit ich meinen Eltern meine Entscheidungen zum Zweck weiterer Finanzierung vermittelt hatte). Aus diesen fünf Bewerbungsgesprächen resultierten einige Aufträge als freier Texter ohne Anstellung, was mir sehr recht war. Ein Angebot hing noch in der Schwebe, eine Marketingstelle für ein Unternehmen im Zusammenhang mit Computerspielen in Düsseldorf. Die Wartezeit darauf beeinflusste meine Zukunft entscheidend, wie sich zeigen sollte, und zwar sogar tiefgreifender, als nie nach Düsseldorf zu ziehen.

Die Wartezeit auf die letztendlich folgende Absage dauerte nämlich fünf Wochen. Und die nutzte ich, um ein Comedyprogramm zu schreiben, das nie aufgeführt wurde. Inspiriert dazu hatte mich ein Treffen mit einem alten Bekannten und zukünftigen Nachbarn und Freund, den ich über seine damalige Freundin und spätere Frau kannte. Sie war Sängerin, ich hatte sie zehn Jahre zuvor als Kollegin Penthesileas kennengelernt. Ihr Mann, wollen wir ihn Aristoteles nennen, wegen seiner Fähigkeit, in seinen Bereichen Grundsätzliches in kanonischer Form niederzulegen, hatte gerade seinen großen Durchbruch als Stand-Up-Comedian, und war darüber hinaus derjenige, der diesen Begriff hierzulande geläufig machte.

Inspiriert davon, was bei ihm alles passierte, schrieb ich ins Blaue los, hatte jedoch meinen Auftritt bei Maisie's in Stirling noch warnend im Hinterkopf. Als ich fertig war, überließ ich es Aristoteles zur Beurteilung und Rezension. Er gab mir wertvollste Tipps, wie immer seither, und da er selbst gerade an die Grenzen des beruflich Machbaren stieß, engagierte er mich, um gemeinsam mit mir seine neue Website inhaltlich zu gestalten. Das war eine Verbindung, die mein Leben von Grund auf veränderte und die seit nunmehr zehn Jahren besteht, was in meinem Fall offensichtlich eine lange Zeit ist.

Als die Absage aus Düsseldorf kam, konnte ich damit leben.

Denn ich fühlte mich als Entrepreneur, was nichts anderes als Unternehmer ist, aber einfach abenteuerlicher klingt. Wie der Unterschied zwischen »unabhängiger Unternehmer zur See« und »Freibeuter«. Da will man sprachlich auch genau sein.

Es ging bergauf. Doch gab es auch andere Umstände, die zu meistern waren. Es hatte sie schon vorher gegeben, in verschiedener Form. Das sind Aufgaben, die nichts mit Beruf zu tun haben, aber trotzdem vorübergehend zu einer Art Beruf werden können, weil auch sie Pflichtbewusstsein und äußeren Zwängen entspringen. Diese Dinge haben nichts mit Finanzen zu tun, übersteigen alle materiellen Erwägungen, und man kann sie niemals wirklich meistern.

Es sind Dinge, über die man normalerweise nie spricht, nur wenn man irgendwann anfängt, mit anderen darüber zu reden, ist es, als würde man eine Tür aufmachen, und plötzlich sind da ganze Räume gefüllt mit Erlebnissen. Diese Räume werden aber erst dann geöffnet, wenn einer sich vorwagt. Das Eingeständnis des Erlebten ist sozusagen der Schlüssel. Normalerweise sind die Türen gut verriegelt, aus Gründen, die von Verdrängung bis hin zur Schonung der anderen reichen. Zu diesen Dingen gehören Vergewaltigung, Abtreibung, Krebs und Tod. So war ich einmal mit einer Frau zusammen, die vergewaltigt worden war, ich war einmal als dann nichtwerdender Vater an einer Abtreibung beteiligt, ich war mit einer Frau zusammen, die Krebs hatte, und ich habe den Vater einer Freundin bis zum Tod mitbegleitet.

Man verbringt Jahre damit, zu lernen, wie man erfolgreich wird, wie man Fliesen gerade legt oder welche Ereignisse zur Französischen Revolution führten, aber wenn der Bestatter seinen Katalog auspackt und man die aktuelle Sarg- und Leichenhemdenkollektion durchgehen muss, ist man so hilflos wie ein Erstklässler vor einer Differenzialgleichung.

Diesem Moment waren einige Monate vorausgegangen, von der Diagnose eines Hirntumors über Pflege zu Hause, Heimaufenthalt und Hospizaufenthalten bis zum Ende.

Als ich mit der Frau zusammen war, die Krebs hatte, hatte ich einige dieser Situationen schon erlebt. Die onkologische Station im Krankenhaus. Die Folgen von Chemotherapie und Bestrahlung.

Das Seltsamste daran war gewesen, es war alles wie sonst auch, nur grundsätzlicher. Man saß sich beim Kaffee gegenüber, wusste aber, dass sie eine Perücke trug. Man lachte über die Absurdität, dann blieb einem das Lachen im Hals stecken, und dann lachte man weiter. Entgegen dem, was man sich so vorstellt, sind Krebsstationen Orte, an denen viel gelacht wird, weil die, die dort sind, viel Bedarf an Lachen haben. Das Ernste kommt meist von selbst und von außen, von den Besuchern, und ich glaube, viele würden staunen, wie viel im Krankenhaus aus Rücksicht der Erkrankten ihren Angehörigen gegenüber geschieht. Wenn die Krebspatienten wieder unter sich sind, versuchen meist alle, sich die Absurdität der Situation vor Augen zu führen und darüber zu lächeln. Und das trotz der Tatsache, dass sich Krankenhäuser so fürchterlich darum bemühen, der – was die Inneneinrichtung betrifft – mit Abstand humorloseste und lebensfeindlichste Ort der Welt zu sein. Wenn Friedhöfe annähernd die Ausstrahlung von Krankenhäusern hätten, würde niemand jemals dort hingehen, geschweige denn sich dort begraben lassen.

Ich hatte viele sehr fröhliche und viele sehr traurige Situationen mit meiner früheren kranken Freundin. Ich hätte ihr die meisten ihrer launigen Bemerkungen, beispielsweise im Umgang mit der Tatsache, dass während der Auswirkungen einer Chemotherapie Sex schwierig wird, nie zugetraut. Wahrscheinlich sind wir alle größer, als wir vermuten. In ihrem Falle hatte ich auch das Glück, nicht nur die Krankheit, sondern auch die Genesung mitzuerleben. Sie wurde wieder gesund.

Im Gegensatz zum Vater meiner Freundin, sein Hirntumor war irreversibel. Aber so komisch es ist, wenn sich jemand die Socken anzündet, weil er kalte Füße hat, ist es auch sehr bitter. So wie es (im ganz Kleinen und vergleichsweise Unwichtigen) nicht nur komisch gewesen war, Jobs zu verlieren und Träume aufzugeben. Zumindest in dem Moment, als es passierte. Es sollte auch jedem selbst überlassen bleiben, ob und was man im Nachhinein komisch findet, ich habe mich, was mein Leben betrifft, dazu entschieden, es sehr komisch zu finden, weil es mir dabei hilft, mich damit anzufreunden.

Beim Leben anderer bin ich zwiegespalten.

Ich weiß nicht, ob ich durch die Krankheit anderer wirklich etwas gelernt habe, aber es brachte neue Gewissheiten. Als mich der schon sehr kranke Vater der Freundin, der mich zuvor immer aufgezogen und nie ganz ernst genommen hatte, einmal bei sich zu Hause herzlich begrüßte und mit den Worten »Wenn's der Chef sagt« wieder in sein Krankenbett kletterte, nachdem er einen Zivildienstpfleger eine Nacht lang am Nasenring ums Karree geführt hatte, wusste ich, dass ich irgendwann, ohne es zu merken, zu einem erwachsenen Mann geworden war. Auch wenn alle meine Lebensumstände das Gegenteil behaupteten.

Seither gibt es einen Teil in mir, der bleibt, wie er ist, sogar wenn er sich verändert. Ein Stückchen »Ich«, das sich seiner gewiss ist. Das hat wenig mit Stärke zu tun, auch wenn es so klingt. Damals wollte ich jeden Tag nur, dass alles wieder gut wird. Gesund und munter.

Und selbst wenn es, wie im Falle der gesundeten Freundin, so weit ist, wenn »alles wieder gut« ist, ist es dennoch nicht gleich vorbei. Nur weil es gut ausgegangen ist, kann man leider kein Häkchen dahinter machen, wie bei einem

Langstreckenlauf. Hauptsache Ziel erreicht. Es dauert, bis man realisiert hat, es ging gut, oder bis man realisiert hat, es ging nicht gut, aber es ist vorbei. Es stirbt immer irgendetwas, im besten Fall sind es nur ein paar falsche Vorstellungen.

Außer der Feststellung, dass man auch als nicht gesundheitlich Betroffener Rücksicht auf sich selbst nehmen sollte und dass »aufopfern« die sinnloseste Tätigkeit ist, die man offerieren kann, weil zwei erschöpfte Menschen nicht besser sind als einer, habe ich nichts gefunden, was man »lernen« kann. Man kann nur da sein und begleiten, je ehrlicher, desto besser. Ein wirklich Kranker erkennt Durchhaltegeschwätz oder verbale Blümchengirlanden auf zehn Meter gegen den Wind und ist dann ein Stück mehr allein in seiner Situation.

Ich habe mich in meinem Leben mal mehr und mal weniger gemocht, auf den Umgang mit diesen Dingen hingegen bin ich stolz. Trotzdem kann ich nicht behaupten, sie richtig gemacht zu haben. Das mag auch in der Natur der Sache liegen. Es handelt sich nicht um Ereignisse, die man öfter erleben will, egal wie gut man damit umgehen kann. Deshalb ist es angebracht, die Türen zu diesem Flügel wieder zu schließen, in der Gewissheit, dass dieser Teil des persönlichen Hauses einer ist, den man nie einbruchssicher zumauern kann.

Hie und da sollte man deshalb hineingehen, kurz durchsaugen und die Spinnweben entfernen, sich umschauen und dann wieder gehen. Außer man trifft Menschen und erlebt mit ihnen Momente, in denen es sinnvoll erscheint, den Schlüssel zu zücken, das Erlebte zu erwähnen und gemeinsam durch diese Zimmer zu wandern. Das kann sehr wohltuend sein und sogar schön. Und es hilft dabei, in Frieden zu leben, was meiner Ansicht nach schwieriger ist, als in Frieden zu ruhen.

Nun bleibt zu erwähnen, warum – außer im zeitlichen

Rahmen – diese Dinge im Zusammenhang mit der Kapitelüberschrift »Entrepreneur« stehen: weil Entrepreneur das französische Wort für Unternehmer ist. Wenn man »Unternehmer« wörtlich ins Englische übersetzt, wäre das »Undertaker«. Das wiederum ist das englische Wort für Bestatter. Das soll keine bedeutsame Aussage sein, und ich kann auch keinen tieferen Sinn dafür anbieten. Den kann nur jeder für sich finden. Ich weiß auch nicht allgemeingültig, warum Menschen erkranken und sterben. Ich weiß nur, dass dem so ist.

29 autor

Von den geschilderten Umständen zusätzlich beeindruckt, war ich besonders froh, die Werbetexterei hinter mir lassen und meinen Unterhalt zunehmend mit dem Schreiben von Unsinn bestreiten zu können. Und es muss wohl auch etwas in Richtung einer rudimentären Begabung vorhanden gewesen sein, den Reaktionen nach zu urteilen. Dank Aristoteles' Eigenschaft, anderen gerne und sehr wertschätzend von unserer Zusammenarbeit zu berichten, weitete sich das Feld derer aus, denen ich Unsinn zuschrieb.

Damals war ich froh, ein kleines Rad im Getriebe der Comedy zu werden, zu einer Zeit, als Comedy noch kein Schimpfwort war. Es ist schade, dass es beinahe eines geworden ist, denn Comedy an sich ist nichts anderes als die Überschrift einer Sparte, in der es darum geht, Menschen zum Lachen zu bringen. Es gibt selbstverständlich gute Comedy und unsägliche Comedy, was in der Natur der Sache liegt. Alles, was »entdeckt« wird, ist immer auch ein »Markt«, der dazu führt, dass sich untalentierte Menschen ein paar Euros dazuverdienen wollen. Aber als jemand, der in vielerlei anderen Berufen das Äquivalent einer Königsspaßbremse unter den Lachmachern gewesen war, sollte ich hierzu lieber schweigen.

Von ersten Erfolgen angespornt, begann ich das Feld des Schreibens in andere Genres auszuweiten. Nachdem ich mich immer schon gerne ausprobiert hatte (ein Euphemismus, zugegeben), durfte ich das plötzlich unter ein und derselben Berufsbezeichnung tun, als »Autor«. Und ich nutzte das weidlich, wenn auch nicht immer sinnvoll und bei weitem nicht immer mit Erfolg. Natürlich schrieb ich zunächst ein Drehbuch, was ebenso natürlich nie verfilmt wurde. Ich schrieb für Fernsehsendungen. Mein größter gedachter großer Durchbruch als Autor aber endete mit einer Vorladung als Zeuge bei Gericht.

Da saß ich nun das erste Mal in einem Gerichtssaal und sagte aus im Insolvenzverfahren einer Unternehmung, die mir internationalen Ruhm und Geld hätte einbringen sollen. Da ich weder jemals Anlageberater noch Bänker gewesen bin, war die Situation für mich eine völlig neue. Und sehr beeindruckend. Ich fühlte mich automatisch mitschuldig, obwohl ich nicht im Geringsten an irgendeiner geschäftlichen Entscheidung beteiligt gewesen war. Es war auch nicht so, dass ich wütend war oder mich betrogen fühlte. Es war einfach nur verdammt schade.

Es ging um ein Musical. Wir, der Komponist, ein weiterer Mitentwickler der Geschichte und ich als Autor des Stückes und Librettist, hatten – außer einem Jahr Arbeit – auch über ein Jahr mit Verhandlungen zugebracht, bis es zu einem von allen Beteiligten unterschriebenen Vertrag gekommen war.

Heute empfinde ich es als normal, aber damals hätte ich nie gedacht, dass man bei vielen künstlerischen Tätigkeiten die Arbeit sehr häufig lange vor der vertraglichen Einigung beendet. So auch in diesem Fall – und es war sehr viel Arbeit gewesen. Achtundzwanzig Songs, ein ganzes Musical als Partitur für achtundzwanzig Stimmen, Klavierauszüge, eingesungene CD, das ganze Programm. Es musste nur noch aufgeführt werden, worauf wir uns nicht nur künstlerisch, sondern auch gesellschaftlich freuten, denn wir hatten einen Vertrag, der uns im Erfolgsfall astronomische Summen garantierte. Es gab zwar gerade noch die D-Mark, aber es wäre auch in Euro noch unfassbar viel Geld gewesen.

Ich finde, jeder sollte – schon zur Charakterschulung – einmal einen Vertrag in den Händen halten, in dem der eigene Name in engem Zusammenhang mit Millionen steht. Es ist ein großartiges Gefühl, wie sicher jeder nachvollziehen kann. Man fühlt sich rückwirkend in so vielen Dingen bestätigt, die man gemacht hat. Besonders wenn man drei Jahre zuvor noch auf dem Sofa schimmelte, steigert das die Euphorie exponentiell.

Wenn man etwas geschrieben oder komponiert hat und hundert Euro dafür bekommt, ist das großartig, aber wenn man für das Gleiche hundert*tausend* Euro erhält, kommt es einem beinahe selbst so vor, als wäre es wertvoll. Auch wenn das künstlerisch Unsinn ist und niemand weiß, welches der beiden Werke wertvoller, anspruchsvoller oder arbeitsintensiver ist.

Denn man kann immer nur tun, was man gerade tut, so gut es geht. Wenn ich etwas im Auftrag – also mit vorgegebenem Thema oder vorgegebener Form – schrieb, hatte ich mich immer so behandelt, als wäre ich ein Ghostwriter meiner selbst. Also kein echter Künstler, sondern ein Dienstleister, und zwar für mich. Wobei mein anderes »Ich« dann das entstandene Werk an die Auftraggeber als Kunstwerk weiterreichte und zu verkaufen versuchte. Klingt schizophren, ist es auch, war aber so.

Diese Vorgehensweise half sehr dabei, mir zu erlauben,

überhaupt Geld für meine Kunst zu verlangen. Hätte mir jemand gesagt, ich sei jetzt Künstler und solle mich mal hinsetzen und was produzieren, und hätte dann irgendwas von Summen oberhalb von zehn Euro genannt, wäre ich wahrscheinlich kichernd vom Stuhl gefallen. Oder ich wäre in Tränen ausgebrochen, hätte dem Anbieter die Knie umschlungen und ihm mit schluchzender Stimme dafür gedankt, mich Künstler genannt zu haben und mich als solchen ernst zu nehmen.

Als Dienstleister war es einfacher, ich stand bei mir einerseits in Lohn und Brot, war also versorgt, und andererseits musste ich mich als mein Auftraggeber und Manager natürlich um »uns beide« kümmern. Das Prinzip kennen ja viele: Vertritt man jemand anderen, ist man sicherer und souveräner, als wenn es um die eigene Person geht. In diesem Fall war die andere Person eben auch ich.

So konnte ich entspannt ab und zu mal mehr Geld verlangen. Natürlich auch deshalb, weil ich als mein innerer Manager wusste, dass das Kunstgewerbe wie die Börse ist. Mal hoch bezahlt, mal schlecht bezahlt, unabhängig vom Wert der Sache und schon überhaupt nicht leistungsabhängig. Wenn man über die Jahre so viele Stundenzettel ausgefüllt hat wie ich, ist es skurril, wenn überhaupt niemand mehr wissen will, wie lange man an etwas gesessen ist, und sich nur für das Ergebnis interessiert. Ob das an einem Tag oder in einem Monat zustande gekommen ist, kümmert die Leute so viel wie die Vermietungsannoncen des vergangenen Jahres.

Und obwohl ich zuvor schon einige Texte geschrieben hatte, war doch immer im Inneren das Gefühl geblieben, nur zu betrügen. Irgendwann, so war ich überzeugt, würde mir bestimmt jemand auf die Schliche kommen und herausfinden, dass ich trotz einiger Erfolge in Wahrheit gar kein Autor war, kein Librettist oder was immer mir sonst noch einfallen würde, sondern ein planloser Studienabbrecher mit einem gewissen Hang zu Worten.

Der erwähnte Vertrag mit den astronomischen Summen rüttelte zugegebenermaßen gewaltig an dieser Haltung. Wenn jemand so viel bot, musste etwas dahinterstecken, was er wirklich haben wollte, obwohl es von mir stammte. Für diese Erfahrung war ich sehr dankbar, auch wenn die Insolvenz der Produzenten das dazugehörige Millionärsleben verhinderte.

Denn das Projekt hat mir anderes ermöglicht:

Fairerweise muss ich nämlich erwähnen, dass vor der Insolvenz Vorauszahlungen vereinbart worden waren, bis das Stück gespielt wurde. Diese Vorauszahlungen waren üppig, aus der Sicht des Flohmarktplattenverkäufers oder aus der Sicht von Quasimodo waren sie sogar paradiesisch. Und da ich nach der Fertigstellung des Musicals natürlich anderweitig weiterarbeitete, gaben sie mir die Möglichkeit, eine Aktion zu starten, die ich »Wunscherfüllungsprogramm« taufte: Ich legte mir alles zu, was ich jemals gerne hatte besitzen wollen. Schiffe oder Flugzeuge mal ausgenommen. Trotzdem fühlte ich mich wie ein Bub mit Kreditkarte im Spielzeuggeschäft. Erste Amtstat war die Anschaffung eines Plattenspielers für die übrig gebliebenen Scheiben, mit einem englischen Vorverstärker und einer Endstufe, wobei ich allein die Worte »Vorverstärker« und »Endstufe« genoss. Ich kaufte eine gebrauchte Yamaha XT500 Baujahr '86 und leaste einen Land Rover Defender, das Auto der Wahl für Savannenforscher, die etwas auf sich halten. Dazu eine Expeditionsausrüstung, mit der ich drei Jahre in der Steppe hätte überleben können, sowie eine Videokamera nebst Fotoapparat, um die Expeditionen festzuhalten, und weil doch noch ein Rest Dokumentarfilmerehrgeiz in mir und Iris schlummerte. Wir zogen gemeinsam um, in eine an einem Flüsschen gelegene Doppelhaushälfte, mit einer selbst ausgesuchten Küche im Wert eines Kleinwagens. In den vier Jahren, die wir dort gemeinsam wohnten, hat Iris glücklicherweise nie Miete gezahlt, worüber ich mich sehr freute, schließlich hatte ich in der gemeinsamen Wohnung zuvor auch nie Miete gezahlt.

Ich war also vom Tellerwäscher zum Mittelständler geworden.

Und dann fuhren wir obendrein noch für drei Monate nach Spanien, wo wir noch nie gewesen waren (außer auf Gomera), um dort wieder herumzudokumentarfilmen oder generell alles zu machen, woran wir gemeinsam Freude hatten. Auch wenn wir endgültig feststellten, keine Dokumenteure zu sein, und auch keine Spanienfans wurden, so gab es doch sehr viele schöne Momente.

Und in Granada, der Heimat des Flamenco, habe ich mir am Fuße der Alhambra bei einem siebzigjährigen einarmigen Gitarrenbauer tatsächlich eine spanische Gitarre zugelegt. Obwohl seine Einarmigkeit hinlänglich erklärte, warum er Gitarren baute und nicht spielte, hatte ich anfangs kleine Zweifel an den Instrumenten. Aber er wirkte auf Anhieb wie ein alter Meister in einem Zeichentrickfilm, und der Laden hätte genauso gut verzaubert sein können: Er hatte eine Ausstrahlung, als würde er nur in Vollmondnächten existieren und dann wieder für zehn Jahre verschwinden. Wie ich später herausfand, handelte es sich bei dem Mann um einen legendären Gitarrenbauer Spaniens. Ich nahm mir fest vor, die erworbene Gitarre auch zu spielen, irgendwann, nach unserer Rückkehr, und stolzierte durch Granada, als wäre ich nie etwas anderes als Gitarrist gewesen.

Das Wunscherfüllungsprogramm war also ein großer Spaß. Doch obwohl ich jetzt gefühlt alles hatte, um tun zu können, was ich mir immer erträumt und vorgestellt hatte, tat ich es fast nie. Und ich war, wider Erwarten, auch nicht restlos erfüllt. Es fühlte sich freudig an, aber nicht so, als hätte ich »es geschafft«. Ich war beinahe ein bisschen beleidigt, da ich fand, man kann schon ein wenig mehr Dankbarkeit erwarten, wenn man jemanden so großzügig beschenkt, vor allem wenn es sich um einen selbst handelt. Sicher hatte es den Vorteil, dass mir niemand mehr Vorträge über Berufswahl oder Altersvorsorge hielt und ich gesellschaftlich plötzlich als Erfolgsmodell galt. Aber das konnte ich ebenso wenig ernst nehmen wie die gegenteilige Ansicht zuvor. Darauf angesprochen erzählte ich meist irgendwas von Freiheit.

So fand ich heraus, dass ich mir meine Wünsche erfüllen muss, um beurteilen zu können, wie wichtig sie mir sind. Wie die Wellenreiterwellen. So wie ich generell alles konkret ausprobieren muss, von dem ich glaube, es einmal tun zu müssen. Ob das Gitarre spielen ist oder barfuß die Niagarafälle hinaufrudern. Danach weiß ich dann, ob es ein Weg ist oder nur eine schöne Vorstellung war; auf jeden Fall muss ich nie wieder darüber nachdenken.

Und einige der schönsten Wünsche enden manchmal sogar nach ihrer Erfüllung. So stellten Iris und ich zunehmend fest, obwohl wir größtenteils nach unseren Wünschen lebten, dass wir miteinander doch nicht so wunschlos glücklich waren, wie wir das wollten. So wie die Erfüllung von Wünschen allein nicht erfüllt, macht Liebe allein eine Beziehung nicht glücklich.

Um mal wieder mein Geschick für Timing zu beweisen, trennten wir uns unmittelbar vor einem meiner größten

Erfolge. Ich hatte erneut an einem Musical mitgewirkt, in diesem Fall als Co-Übersetzer und »Comedyberater«. Da es eine Komödie war, geschrieben von einem der bekanntesten englischen Comedians, Fernsehautoren und Schriftsteller, wollte man sicherstellen, dass die englischen Wortspiele auch in Deutsch aufgingen. Trotzdem wurde ich engagiert. Das Arbeiten mit diesem Mann gehört zu den beeindruckendsten Erlebnissen, die ich je hatte. Von ihm lernte ich, wie viel Musik im Sinne von Rhythmus im gesprochenen Wort steckt und wie dieser Rhythmus Einfluss auf Pointen nimmt. Er konnte bei den Proben an der Art, wie der Text gesprochen wurde, erkennen, ob der Witz »funktionierte«, obwohl er kein Wort Deutsch sprach. Das ist, wie wenn der Pilot eines Flugzeugs bei der Autofahrt zum Flughafen merkt, ob im Flieger die Getränke ausgegangen sind.

Das Stück selbst handelte von einem jungen Musiker, der auf der Suche nach einer legendären Gitarre ist, mit Hilfe derer er die Welt von Tyrannei befreit. Das passte, mit der Suche nach Gitarren war ich ja weitläufig vertraut. Die Musik dazu war von Queen. Und ich hatte mit eben jenen einen der seltsamsten Momente meines Lebens, als ich um zwei Uhr nachts in Köln im Fastfoodtreff des Hauptbahnhofs stand, zusammen mit einer Handvoll Musicaldarsteller, und von einem der genialsten Gitarristen aller Zeiten zu Burger und Pommes eingeladen wurde. Ich sehe ihn heute noch dort stehen. Um ihn herum ein paar versprengte Nachtschwärmer, die ihn anschauten, aber genau wie ich nicht glauben konnten, was sie sahen, weil man Brian May einfach nicht nachts im Hauptbahnhof in der Burgerbraterei trifft, ebenso wenig wie man Barack Obama in der Sauna des Fitnessclubs begegnet.

Zur Premiere des Stückes hatte ich Iris extra ein großartiges Kleid gekauft, eines von der Art, der man auch in Zeitschriften beim Friseur über den Weg läuft. Dann, eine Woche vor der Premiere, trennten wir uns. Als wir trotzdem gemeinsam die Premiere besuchten, schon um das Kleid nicht zu enttäuschen, war es gleichzeitig erhebend und furchtbar. Doch wir hatten eine wunderbare Zeit gehabt, und sie wird immer Mitglied meiner Familie sein. Sogar meine Mutter hat sie informell adoptiert. Freud und Leid liegen manchmal wirklich arg nah beisammen, wie jeder weiß, und manchmal schlafen sie sogar miteinander.

Auf der Premierenfeier ging dann noch eine weitere persönliche Geschichte zu Ende. Bei meinem Abitur hatte, wie erwähnt, die Musik von Queen meiner Mutter geholfen, sich aus einer sehr schwierigen Lage zu befreien, und ich konnte nun dem Mann, der bei dem dafür verantwortlichen Song Gitarre spielte, persönlich dafür danken. Diese Möglichkeit hat man selten.

Außerdem zeigt es, dass auch scheinbar absurde Absichten real werden können, im Gegensatz zu wirklich absurden Absichten. Wie man die beiden voneinander unterscheiden kann, weiß ich allerdings nicht.

In all der Trauer um die längste Beziehung, die ich jemals hatte, ging das allerdings eher unter, darüber freuen konnte ich mich erst viel später. Ich merkte auch kaum, dass ich in all dem Chaos anfing, mich erneut zu verlieben. In eine Sängerin. Doch dieses Gefühl blieb eher einseitig. Wieder mal hatte sich ein Kreis geschlossen – und ich hatte das Gefühl, darauf Karussell zu fahren. Zumindest war das Karussell diesmal wie die Gitarre von Queen: elektrisch angetrieben.

30 comedian

Selbst auf die Bühne zu steigen ist im Unterschied zur Autorenschaft weniger eine wachsende Berufung als eine Inkontinenz, mit Tendenz zum Durchfall. Man muss, und wenn man muss, muss man dringend. Das Bild bezieht sich in diesem Fall natürlich vorrangig auf die Form, nicht auf den Inhalt der Bühnenpräsentation.

So hatte auch ich, neben der Erfahrung in Schottland, mit Anfang dreißig schon einmal versucht, selbst die Bühne zu erobern, im Vorprogramm von Freunden. Ich hatte meine ersten Texte geschrieben und wollte sie live ausprobieren. Weil ich gerade am Anfang der Wunscherfüllungsphase stand, packte ich gleich alles hinein, was ich sonst noch sein wollte. So nahm ich mir kleidungstechnisch Bruce Willis in seiner Rolle in *Die Hard* und Ronnie Van Zant von Lynyrd Skynyrd zum Vorbild: Ich trug eine Anzughose, ein Unterhemd, und ich war barfuß. Ich bin mir heute nicht mehr so sicher, dass dies die optimale Wahl war. Aber ich wollte es so.

Überhaupt war der Auftritt generell von meinem Wollen geprägt. Und die Reaktion darauf war … Wohlwollen, insofern, als dass die Zuschauer sich offensichtlich dachten: »Der zappelnde Mann ohne Schuhe da oben wird wohl irgendwas von uns wollen, auch wenn wir nicht genau wissen, was es ist.«

Einige lachten während meines Stand-Ups auch, aber ich wollte nicht im Detail wissen, worüber. Trotzdem gab ich alles, vor allem noch mehr »Wollen«. Nachdem ich das Ganze ein paar Wochen später in Hamburg noch einmal gemacht hatte und dort auch nicht das Gefühl hatte, jenseits des Wollens irgendwo zu landen, gab ich die Bühnenpläne wieder auf.

Das heißt: fast; ich beschränkte mich einfach vorerst wieder darauf, bei allen sich bietenden privaten Anlässen aktiv zu werden. Darüber hinaus konnte ich ja wegen meines Autorenberufes Meistern ihres Fachs regelmäßig dabei zusehen, wie sie Texte von mir präsentierten. Und wenn sie das taten, geschah es, dass die Texte tatsächlich komisch wurden und manchmal sogar so klangen, als steckte eine Absicht dahinter.

Doch nur dreieinhalb Jahre später, ein halbes Jahr vor der Trennung von Iris, war es wieder so weit. Der Durchfall kam wieder. Diesmal musste ich ganz sichergehen, dass ich es auch wirklich wollte, denn es gibt viele Bühnenbetretende, die die Welt nicht braucht. Also entschied ich mich für Schuhe.

Als Testlauf suchte ich mir einen Ort sehr fern der Heimat aus, um ein voreingenommenes Publikum zu vermeiden. New York. »If you can make it there, you'll make it anywhere«, sang schon Frank Sinatra. Also wollte auch ich es dort machen, um es überall machen zu können. Ich nehme solche Liedtexte sehr ernst. Als ich nach Hawaii geflogen war, hatte ich meinen besten Freund in San Francisco getroffen, wo er studierte, bevor wir gemeinsam weiterreisten. Da Udo Jürgens musikalisch genau festgehalten hatte:

»Ich war noch niemals in New York,
ich war noch niemals auf Hawaii,
ging nie durch San Francisco in zerriss'nen Jeans«

... nahm ich selbstverständlich »zerriss'ne Jeans« mit und trug sie stolz, als ich durch die Stadt schlenderte. Nachdem wir anschließend ja Hawaii besucht hatten, fehlte schließlich nur noch New York, um wieder einen Kreis zu schließen.

Ich war also zum ersten Mal in der Stadt, vor allem um Aristoteles zu besuchen, der dort sein neues Programm schrieb. Dort selbst aufzutreten, stand nicht im Vordergrund der Reise. Doch schon auf dem Weg dorthin ereilte mich ein Zeichen. Oder es widerfuhr mir, je nach Betrachtungsweise.

Ich hatte keinen Direktflug gebucht und in Paris umsteigen müssen, von wo wir mit zwei Stunden Verspätung abflogen, weil zwei Passagiere aus Dakar nicht am Flugzeug erschienen waren, alle anderen Passagiere aber schon »geboarded« hatten. Das bedeutet, wie die Vielflieger wissen: Während alle schon im Flieger sitzen, muss das gesamte Gepäck wieder ausgeladen werden, um die Koffer der beiden nicht erschienenen Fluggäste (im Airline-Deutsch übrigens »No-Shows«) auszusortieren, bevor das restliche Gepäck dann wieder eingeladen wird.

In New York angekommen, wollte ich möglichst schnell zu Aristoteles. Ich war schon voller Vorfreude auf die Wohnung, die er angemietet und telefonisch ausgiebig beschrieben hatte. Da aber die Warteschlange am Taxistand des Flughafens bis kurz vor Dakar reichte, entschloss ich mich übermütig und gegen jeden guten Rat, mit zwei anderen Fluggästen ein von einem freundlichen Schwarzen angepriesenes Schwarztaxi zu nehmen. Das brachte uns auch trotz aller Warnungen der Reihe nach zu unseren Zielen. Ich war der letzte Fahrgast. Als wir so zu zweit im Auto saßen, telefonierte der Fahrer zwischendurch in einem unverständlichen Dialekt, dann schimpfte er auf Französisch vor sich hin. Auf meine Frage, was denn passiert sei, beschwerte er sich bitterlich über seine beiden Tanten. Die hatten, aus Dakar kommend, den Anschlussflug in Paris verpasst, und er musste ihnen jetzt ein neues Ticket organisieren. Um sicherzugehen, habe ich sogar die Flugnummern verglichen – es waren meine beiden No-Shows.

Das wird für mich immer mein Paradebeispiel für »Zufall« sein, obwohl ich eigentlich nicht an Zufälle glaube. Trotzdem ist es für mich so, weil es – egal wie lang man sich bemüht – einfach nicht möglich ist, diesem Ereignis irgendeine sinnvolle Bedeutung abzugewinnen. Wenn jemand das Telefon genau in dem Moment abhebt, in dem man ihn anruft, dann kann man vermuten, dass aneinander zu denken zu dieser Synchronizität geführt hat. Das ist dann eine Bedeutung. Aber warum ich im Flieger in Paris warten muss, um später in New York dem Verwandten der aus Dakar stammenden Verspätungsverursacher beim Schimpfen zu lauschen, ist einfach jenseits des Ereignishorizonts.

Das war also das Zeichen.

In New York selbst habe ich dann zehn Tage lang nicht eine einzige Sehenswürdigkeit besucht, wie den Central Park oder das Empire State Building. Stattdessen habe ich zehn Tage gemeinsam mit Aristoteles ausschließlich Comedy geschrieben, sie live und auf DVD gesehen, bearbeitet und mich darüber ausgetauscht. Wir waren in Comedyclubs und offenen Bühnen, und am vorletzten Tag, nachdem ich der Sache immer noch nicht müde war, setzte ich mich schließlich nachts auf das Dach des Hauses, in dem das Apartment lag, schaute auf das Empire State Building und beschloss: Wenn mir in diesem Moment ein Text einfällt, dann werde ich am nächsten Tag in einem sogenannten Open-Miker-Club (also einem Club, wo jeder darf, der will) auftreten.

Es kam ein Text, und ich trat auf. Aristoteles feuerte mich an.

Und ich hatte das Gefühl, diesmal »wollte« ich nicht nur, ich *tat* es.

Wieder heimgekehrt schrieb ich sofort ein Bühnenprogramm, das ich unter dem Titel »Modernde Zeiten – der Trug scheint« vier Jahre lang aufführte. Wobei der Titel sich als ein Wortspiel herausstellte, das grundsätzlich jeder überlas, weshalb das Programm immer als »Moderne Zeiten« angekündigt wurde. Das zeigt, man kann aus leisen Tönen eben leichter Stille machen.

Mit Ausschnitten dieses Programms habe ich auch an namhaften Comedy- beziehungsweise Kabarettwettbewerben teilgenommen, die ich allesamt nicht gewann. Meistens nennt man diese Veranstaltungen natürlich nur deshalb Kabarettwettbewerbe, weil es einfach feuilletonistischer klingt. Darunter war auch ein Wettwitzen im östlichen Bayern, in einem Haus, wo früher Hinrichtungen stattfanden. In meinem Fall bezog sich das Hinrichten jedoch auch auf die Gegenwart.

Ich habe nie zuvor und nie mehr danach so eine Reaktion erlebt. Selbst bei Maisie's in Schottland und bei meiner Barfußnummer war es nicht so still. Ich räume ein, ich selbst war, da der Auftritt in der Woche nach der Trennung von Iris stattfand, nicht unbedingt in Festlaune. Aber auch das erklärte nicht die völlige Abwesenheit irgendeiner Reaktion. Nicht mal Mitleid gab es. Nun wusste ich, wie sich die Kapelle der Titanic gefühlt haben muss, als sie das Sinken des Schiffes musikalisch untermalte. Ich spielte zu meinem Untergang, nur im Gegensatz zur Schiffskapelle fühlte ich mich, als täte ich es in Unterhosen. Ich bin froh, trotzdem beruflich weitergemacht zu haben. Es macht Freude.

Doch ich stellte zunehmend fest, im Grunde fühlte ich mich auch auf der Bühne immer noch wie beim Schreiben. Als Mogelpackung. Manchmal vergaß ich es einfach, aber jedes Mal, wenn ich auf Kollegen traf, deren Kunst ich bewunderte, kehrte das Gefühl mit Nachdruck zurück.

Ich entsinne mich eines Wettbewerbs, bei dem ich zwei Kollegen begegnete, die offensichtlich ihre künstlerische Mitte gefunden hatten. Sie waren sehr freundlich zu mir, aber ich fühlte mich als nicht zugehörig, was das rein Künstlerische betraf.

Nach wie vor, sagte ich mir, gab es in mir etwas zu entdecken, was auch ich als Kunst anerkennen konnte. Ich wusste nur nicht, wo. Selbst eine diesbezügliche Fragestunde mit einem der beiden Kollegen, die eine Nacht lang andauerte und eine volle Flasche schottischen Malt-Whisky das schützenswerte Leben kostete, brachte mir keine Erkenntnisse. Außer zu den mittelfristigen Auswirkungen von Balvenie. Letztere beinhalten übrigens Gedächtnislücken.

Der Umstand, dass ich mich nicht als vollwertiger Künstler sah, erklärte vielleicht auch, warum es mir nicht schwerfiel, viele sogenannte »Galas« zu spielen. Das sind Auftritte vor geschlossener Gesellschaft, beispielsweise auf Firmenfeiern. Dort trifft die positive Tatsache, dass man seine gesellschaftskritischen Texte auch vor den Menschen präsentieren kann, die man damit gemeint hat, auf die negative Tatsache, dass diese sich das nicht selbst ausgesucht haben, sondern der Chef, und deshalb nur in den seltensten Fällen zuhören. Dafür sind Galas aber meist sehr gut bezahlt, was den Schmerz lindert.

Ich habe alle Möglichen solcher Galas gespielt, vom Hinterzimmer im Restaurant vor zwanzig Geburtstagsgästen bis hin zum Kaisersaal der Münchner Residenz vor Wirtschaftsgrößen. Das alles war nicht immer angenehm, aber auch nicht furchtbar ehrenrührig. Und doch, selbst in diesem Beruf habe ich es mal wieder geschafft, mich schamlos oder, in diesem Fall, schamvoll zu verkaufen.

Ich habe eine Gala gespielt für ein Insektizid eines Chemiekonzerns. Das schmerzt schon beim Schreiben, denn es ist so ziemlich das politisch Unkorrekteste, was man sich als kabarettnaher Mensch aussuchen kann. Für mich, so wie für die meisten naturschützerisch angehauchten Menschen, ist das vergleichbar damit, in Burma respektive Myanmar auf einem Benefizdinner für die Verlängerung des Hausarrests von Aung San Suu Kyi aufzutreten.

Die Ausdauer meiner Schwäche, Ideale gegen dringend benötigte Gelder zu verraten, beeindruckte selbst mich, der ich sie doch schon so lange kannte. Glücklicherweise blieb sie den Augen der Öffentlichkeit verborgen. Sogar sehr eindrucksvoll verborgen, denn die Gala fand in einem stillgelegten Bergwerk im ehemaligen Osten statt. Als ich da so stand, zweihundertfünfzig Meter unter der Erde, im Anorak in einer feuchten Höhle mit eingebauter Bar, bei drei Grad Celsius, vor mir fünfundzwanzig Vertreter für Landwirtschaftsbedarf, die seit einer Stunde Schnaps und Bier tranken und schon eine halbe Stunde Bergarbeiterlieder und von Ziehharmonika begleitete Witze zu sich genommen hatten, da dachte ich mir, ich sollte den inneren Künstler besser bald entdecken. Koste es, was es wolle.

31 künstler

Ein so konkretes Ziel wie »Künstler werden« tatsächlich umzusetzen, war für mich nicht leicht. Denn ich hatte zwischenzeitlich ein Prinzip gefunden, das ich seit dem Wanja-Jahr erst unbewusst und dann mit Absicht verfolgte. Ich nenne es das tarantinosche Goldaderprinzip. Es stammt aus dem Munde eines Freundes, wollen wir ihn Hermes nennen, wegen seiner guten Ratschläge.

Als ich mein erstes Theaterstück schrieb, welches ausnahmsweise nicht nur aufgeführt, sondern erfolgreich aufgeführt wurde, beschäftigte ich mich viel mit Dramaturgie an sich. Da es sich um eine Neubearbeitung des klassischen, aber gähnend langweiligen Jedermann-Motivs handelte, versuchte ich, meine Fassung zu verschärfen, indem ich mich durch zeitgenössische Filme inspirieren ließ. Insbesondere *Kill Bill I* und *II*. Diese beiden Filme sind eine Aneinanderreihung von formal völlig unterschiedlichen Szenen, die aber im Innersten zusammengehalten werden. Im Gespräch über die Filme meinte Hermes, es sei, wie wenn man eine Goldader verfolgen würde. Diese sei ja auch keine gerade verlaufende Linie. Man weiß beim Freilegen einer Goldader nie, wohin sie als Nächstes abbiegt und welche Zweige die dicksten Adern sind.

Dieses Bild fand ich wunderbar. Schon deshalb, weil ich damit mein Leben rechtfertigen konnte. Allerdings musste ich, was mein Leben betraf, zugeben, die längste Zeit gar nicht gewusst zu haben, dass ich nach Gold suche, geschweige denn wie Gold überhaupt aussieht. Aber seit der Wanja-Phase und unterstützt von Iris hatte das Prinzip, meinem Gefühl zu folgen, sich als durchaus erfolgreich erwiesen.

Das Prinzip der tarantinoschen Goldader erlaubte es mir nun, mit anderen zusammen an Werken zu arbeiten, ohne mich dabei unterzuordnen oder mich nur in ihren Dienst zu stellen, wie im Falle des reinen Autorendaseins.

Da ich mich gerade fürchterlich in eine Frau verliebt hatte, wollen wir sie Tyche nennen, weil ich ihr alles Glück dieser Erde wünsche, konnte ich diese Freiheit auch weidlich nutzen und mit ihr gemeinsam schreiben. Und das in einer befruchtenden Atmosphäre, ohne die Angst, vor Liebe betriebsblind zu werden, weil Goldadern im Gegensatz zu mir nämlich unbestechlich sind. Tyche und ich haben so gemeinsam ein Theaterstück geschrieben, das sogar für einen Theaterpreis nominiert wurde. Obwohl ich eigentlich immer wenig mit Theater zu tun hatte, scheint es mir wohlgesonnen zu sein, seit ich vor siebzehn Jahren Sektenmitglied wurde.

Leider war die Liebe zu Tyche mal wieder einseitig, im Gegensatz zur Freundschaft, die sich daraus entwickelte. Wir waren sogar gemeinsam im Urlaub, in Thailand, und hatten dort sehr viele schöne Momente – obwohl in dem einen oder anderen der Liebeskummer seine hässliche Fratze zeigte. Bei zu viel »Wollen« habe ich noch nie gut ausgesehen, egal in welchem Bereich.

Der einzige wirkliche Nachteil des Goldaderprinzips ist die Unmöglichkeit, irgendwohin bewusst zu steuern. Das ist im Übrigen auch der wirklich große Vorteil, wenn man sich damit anfreunden kann, Kapitän eines Bootes ohne Ruder zu sein.

Doch ich hatte ja das konkrete Ziel vor Augen, meinen »inneren Künstler« zu entdecken. Mir war klar, was das bedeutete. Ich würde dafür viel Zeit, noch mehr Hoffnung und nicht zu viel »Wollen« brauchen.

Deshalb gönnte ich mir knapp ein Jahr Auszeit und kam erst mal zu Hause zur Ruhe (ich war ein halbes Jahr zuvor aus finanziellen Gründen wieder aus der Doppelhaushälfte aus- und in eine Zweieinhalb-Zimmer-Wohnung eingezogen, weil ich dachte, das bringt Glück). Bevor ich aber in erneute Wanjismen verfallen konnte, flog ich schon bald für zwei Monate nach Thailand, auf die Insel Koh Tao, um dort den Grundstein für das neue Bühnenprogramm meines frisch entdeckten Künstlers zu legen.

Frohen Mutes flog ich, erstmals völlig allein unterwegs, los in Richtung Asien. Noch bevor ich Koh Tao erreichte, genauer gesagt direkt am ersten Abend in Bangkok, ereilte mich wieder ein Zeichen.

Man hört ja viel über Dinge, die passieren oder passieren sollen, aber sie passieren immer anderen und noch öfter den Freunden von anderen, und dann auch nur soviel man weiß. Manchmal aber passieren einem diese Dinge selbst. Dies war so ein Fall.

Zunächst: Ich gebe zu, zwei Biere getrunken zu haben, die aufgrund von vorheriger Abstinenz während der fünfzehn Stunden Flug, diesmal ohne No-Shows, durchaus ihre Wirkung zeitigten. Ich trank diese Biere mit einem jungen Herrn aus Amsterdam und seiner Freundin aus Rotterdam, zwei reizenden angetrunkenen Holländern (was ist eigentlich das Gegenteil von Tautologie?), in der berühmten und auch berüchtigten Khao San Road, Heimat der Rucksackreisenden in Bangkok. Der Holländer hatte Geburtstag gehabt, auf den wir tranken, und pünktlich um Viertel nach zwölf verschwanden sie, sichtlich erschöpft.

Ich hingegen machte mich entspannt und frohgemut in Richtung Hotel auf. Da sprach mich eine Thailänderin an. Und bevor hier voreilig die Fantasie angeregt wird, möchte ich darauf aufmerksam machen, dass dies ja ein nicht unüblicher Vorgang ist. Außerdem war die Dame offensichtlich nicht darauf aus, ihren Körper anzubieten, denn der war von oben bis unten mit einem dezenten, mausgrauen und konservativ geschnittenen Stoff garniert. Auch sie selbst war nicht hormonstauend angelegt, ihr Gesicht ähnelte einem Pfannkuchen. Wäre sie Mitteleuropäerin gewesen, wäre sie hinter keiner Aldi-Kasse aufgefallen. Sie übte sich mit mir in der ortsüblichen Konversation.

»What's your name?«

»Where you come from?«

»How long you stay?«

Dann betrat eine Freundin von ihr das nächtliche und feinstaublich deutlich angegriffene Straßenparkett. Diese Freundin war speckig, an der Grenze zu dick, und in orangerosa Gewänder ähnlich konservativen Schnittes gehüllt. Eine Farbkombination, die auch mit asiatischer Farbenpracht nicht hinlänglich erklärt werden konnte.

Die beiden harmlos und bieder erscheinenden Damen beschlossen nun, noch essen zu gehen. Nach einem harten Tag hinter der Kasse eines der vielen in der Khao San Road ansässigen Kleinunternehmen, wie ich annahm. Sie luden mich ein, sie zu begleiten, was ich, noch hungrig nach langer Reise, dankend akzeptierte, voller Vorfreude darauf, einen Einblick in lokale Spätessensgewohnheiten zu gewinnen.

Wir gingen zu einem nicht weit entfernten Straßenrestaurant, die beiden Parzen bestellten Essen. Das Essen scharf zu nennen, wäre so, als würde man einen Tsunami mit »Seegang« beschreiben. Dazu wurde Wasser gereicht.

Was nun folgte, ist mir nicht erklärbar, und wäre auch nicht erklärbarer, wenn das gereichte Wasser zu hundert Prozent aus Alkohol bestanden hätte. Denn ab diesem Zeitpunkt habe ich nur noch zwei gesicherte und zwei spekulative Erinnerungen. Erinnerungen im Sinne einer Fotografie, ähnlich einem Diavortrag.

Zunächst die gesicherten:

1. Ich sitze in einem Auto, und eine der beiden Damen sagt, man müsse in die Disco. Ich antworte, ich wolle ins Hotel.

2. Ich wache um 14.00 Uhr am nächsten Tag in meinem Hotelzimmer auf, vollständig bekleidet, es fehlen das Handy und die Uhr, der Geldbeutel ist da, allerdings ohne Kreditkarten, ohne EC-Karte, ohne Geld, außer vierhundert Baht in bar (etwa vier Euro) sowie zehn Dirham (etwa ein Euro) von der Zwischenlandung in Abu Dhabi.

Die beiden völlig ungesicherten »Erinnerungen« sind:

1. Ich stehe vor einem Geldautomaten und habe keine Ahnung warum, oder zu welchem Zweck diese Stätte dient.

2. Ich irre durch eine Gasse, umgeben von thailändischen Plattenbauten.

Nach meinem Erwachen fühlte ich außerdem einen seltsamen Schwindel, der nichts mit einem Kater zu tun hatte – und ich weiß, wovon ich rede. So weit, so bedenklich.

Tröstlich war allein, es war nicht zu sexuellen Handlungen gekommen. Dies weiß ich gesichert, der Grund dafür ist allerdings privater Natur. Aber weshalb auch, Pfannkuchen und Speckbacke hatten ja nicht gerade wie Freundinnen der Sinnlichkeit oder Anhängerinnen von ausschweifenden Riten gewirkt. Eher wie Packpapiertüten.

Was war geschehen? Hatte ich Drogen bekommen? Wenn ja, wüsste ich gerne, welche, um sie zukünftig dosierter zu verwenden. Warum hatten sie mir den Geldbeutel gelassen? Aus Höflichkeit? Mit genug Geld darin für ein Wasser, ein Omelett und eine Telefonkarte, mit der ich in der Heimat anrief, von wo aus Tyche liebevollst, verlässlichst und diskret innerhalb von zwei Stunden einen Bargeldtransfer organisierte. Das Omelett und das Wasser halfen gegen Hunger und Durst.

Was sollte der Erinnerungsschnipsel mit der Disco? Wieso sollte man einen Touristen, der komplett »out of order« ist, noch in eine Disco schleifen, bevor man ihn seiner Habseligkeiten beraubt? Zur zusätzlichen Demütigung? Kann Chili im Essen so eine Wirkung entfalten? Und wie zum Teufel war ich in mein Bett gelangt?

Wie man sicher verstehen kann, sind das Fragen, die einen über den Nachmittag bringen können. Ich habe am frühen Abend kurz vermutet, die Kreditkarten und das Handy eventuell einfach verloren zu haben, aber den Verschluss der Uhr hatte ich noch nicht mal im Vollbesitz meiner Sinne leicht aufbekommen. Es ist also mehr als wahrscheinlich, dass seit einiger Zeit in Bangkok ein grauer Pfannkuchen mit einem Motorola-Handy und eine bunte Speckbacke mit einer Taucheruhr herumlaufen.

Während ich mich dergestalt ärgerte und haderte, dabei schwindelig mein Wasser trank, fiel mir allerdings auf: Das

Nichtvorhandensein von Handy und Uhr machte mich extrem nervös, ich hatte ständig das Gefühl, etwas ganz furchtbar Dringendes zu verpassen, aber nicht mehr genau zu wissen, was das furchtbar Dringende war, nur dass es wirklich ganz furchtbar dringend war und genau *jetzt* passierte.

In dem Song »Time after Time« gibt es die Zeile »the second hand unwinds«, also »der Sekundenzeiger entspannt sich«. Entspannt sich im Sinne einer Aufzugsfeder oder eines Gewindes, das entlastet wird. Und so fühlte sich das auch bei mir an, wie ein Kreisel, der tanzt, solange er aufgezogen ist, und dann plötzlich am Boden liegen bleibt. In diesem Fall lag er in Bangkok, und ihm war noch schwindelig vom Drehen.

Mit anderen Worten, seit ich meines Handys und meiner Uhr verlustig gegangen war, war ich in Thailand angekommen. Das wäre an sich eine sehr schöne Sache gewesen und bei genauer Betrachtung weitaus mehr wert als eine Uhr und ein Handy. Oder Geld. Gar nicht so wenig Geld übrigens. Wenn man es genau nimmt, sogar recht viel Geld, nämlich ungefähr sechstausend thailändische Baht. Das sind circa hundertzwanzig Euro, was zwanzig Massagen entspricht. Wobei ich vier Wochen später feststellte, die Damen hatten mit mir Geld am Automaten gezogen, und der tatsächliche Flurschaden belief sich auf zweitausend Euro. Das war mein Budget für die Reise gewesen und entspricht ungefähr fünfhundert Massagen. Fünfhundert Massagen!

Wo war ich stehengeblieben?

Genau, viel mehr wert!

Somit ein zähneknirschendes nachträgliches Dankeschön an die beiden Abzockerinnen mit den K.o.-Tropfen. Das Dankeschön fühlt sich geradezu buddhistisch wertvoll an und somit auch thailändisch. Ich will diesen Bericht auch nicht als

Kritik an diesem wunderbaren Land verstanden wissen. Wie der Buddhist sagt: »Ärsche gibt's überall.« Da kann man nichts machen, außer manchmal. So sei als Warnung hinterlassen:

Fremder, kommst du nach Bangkok, meide Pfannkuchen mit Speck!

Über Kunst und das Künstlerwerden habe ich erst mal nicht mehr nachgedacht. Ich war zu beschäftigt damit, das Geschehene einzuordnen. Ich versuchte mich zu schämen, was mir aber nicht gelang. Stand ich nicht in einer Tradition mit großen Figuren der Geschichte, wie Odysseus, der von Circe becirct wurde, die ihm nicht nur die Kreditkarten abnahm, sondern außerdem seine gesamte Schiffsbesatzung in Schweine verwandelte? Obwohl es rein charakterlich wahrscheinlich als Fortschritt zu sehen war, Seemänner, die gerade zehn Jahre im Trojanischen Krieg zugebracht hatten, in Schweine zu verwandeln. Und der Anlass des Trojanischen Krieges war ebenfalls eine Frau gewesen, allerdings eine gut aussehende, in dem Fall Helena.

Ich dachte außerdem an all die Rheinschiffskapitäne, die die Loreley auf ihrem Felsen sitzen sahen und ruderlos in die Felsen rheinschifften. Und das noch nicht mal in Bangkok, sondern mitten in Rheinland-Pfalz.

Eine Freundin schrieb mir die tröstlichen Worte: »Mir hätte so was nicht passieren können, denn mit zwei fremden Männern wäre ich nie mitgegangen.« Das beweist, dass der Rat von Freunden nicht immer hilfreich sein muss.

Doch musste ich zugeben, wohl zeit meines Lebens hauptsächlich von Frauen inspiriert worden zu sein. Das ist ein ganz klassisches Vorgehen von Künstlern, die ja oft eine Muse haben. Man konnte also vermuten, dass ich deshalb nicht Künstler werden konnte, weil ich bereits einer war.

Ich hatte gedacht, den Künstler in sich zu entdecken, sei so, wie die Berufung zu entdecken, oder die Frau fürs Leben. Diesen Vorgang hatte ich mir immer vorgestellt wie die Szene, als Henry Morton Stanley 1871 im schwarzafrikanischen Dschungel den vermissten Dr. Livingstone fand und mit den legendären Worten begrüßte:

»Dr. Livingstone, I presume!«

Mit Betonung auf dem »nehme ich an«. Doch sind Künstler, Berufung und die richtige Frau bei mir nie die einzigen Weißen in einem schwarzafrikanischen Dschungeldorf gewesen.

Trotzdem glaube ich, besondere Begegnungen, besondere Berufungen und besondere Erkenntnisse erkennt man daran, dass es sich ein wenig wie ein Wiedersehen anfühlt, gleich beim ersten Mal. Man erkennt nicht nur, sondern man erkennt wieder. Das ist natürlich nur gefühlt, denn man kann nicht wiedersehen, was man noch nie gesehen hat.

Allerdings trifft man umgekehrt bisweilen auch Menschen wieder, die man gesehen hat, nicht wiedersehen will und eigentlich auch nicht wiedersehen kann. Das geschah mir in Bangkok.

Natürlich habe ich als guter Westeuropäer nach dem erlittenen Verlust meiner Habseligkeiten Anzeige erstattet. Denn falls die Polizei in Bangkok eine Uhr, ein Handy und Kreditkarten beschlagnahmen sollte, so wüsste sie aufgrund der Anzeige sofort, wem sie sie zurückgeben konnte.

Hahahahahaha.

Entschuldigung. Natürlich ist diese Hoffnung nicht wirklich begründet. Aber nichtsdestotrotz, so eine Anzeige mochte sich als nützlich erweisen, und sei es als Souvenir. Also eigentlich ausschließlich als Souvenir. Und wie es der Zufall wollte, direkt neben der sagenumwobenen Khao San Road in Bangkok befand sich ein Polizeirevier, in das ich mich vorwagte.

Ich wurde gleich an einen Tisch geleitet, und hinter diesem saß »El Presidente«.

Es war der Gefängniswärter aus Chiang Mai, da war ich mir sicher. Er war zwischenzeitlich nicht gealtert.

Immer noch leicht speckig, (aber nicht pfannkuchenartig), wobei der Speck eine feste Konsistenz zu haben schien, ein kleiner Bauch und ein rundes Gesicht mit vereinzelten Pickel- oder Pockennarben. Als ich ihn anstarrte, ging mir die Möglichkeit durch den Kopf, dass die Pickelnarben von Experimenten in den Labors stammten, an die ihn seine Eltern mangels Geld verkauft hatten. Seine Augen ausdruckslos zu nennen, wäre immer noch in höchstem Maße untertrieben gewesen, was durch die komplette Abwesenheit jeglicher Mimik wieder beeindruckend betont wurde.

Im Gegensatz zu den beiden Übeltäterinnen hatte ich vor diesem Gefängniswärter einen an Panik grenzenden Respekt. Mir gingen alle meine Drogendelikte seit damals durch den Kopf. Zwanzig Jahre sind eine lange Zeit. Ich lächelte mehr als freundlich, um wenigstens diesmal das Eis zu brechen, was seiner Reaktion zufolge recht debil ausgesehen haben muss. Auch Räuspern brachte mich nicht weiter. Schließlich stammelte ich irgendwas von »robbery, watch, mobile phone, creditcards, Khao San grmmpfflll«.

Und in diesem Moment – ich bin mir ganz sicher – verdrehte er kurz die Augen. Zwanzig Jahre waren nicht umsonst vergangen, ich konnte ihn beeindrucken. Dann nickte er sehr müde und ließ sich von mir schildern, was passiert war.

Ich erzählte ihm alles, worauf er für einen Augenblick,

also für ein bis zwei Minuten, jegliche Lebensfunktion einstellte, mich dabei weiter musternd, und mich dann mit Diktaturgründungsblick aufforderte, zu berichten, was denn passiert war.

Ich zog kurz die Möglichkeit eines Déjà-vu in Betracht.

Aber sein Gesicht sprach Bände, Bände, in denen gestorben wird, und so erzählte ich ihm alles nochmal, als wäre nichts geschehen. Ich lächelte tapfer weiter, was ihn nicht wirklich fröhlicher stimmte. Immerhin, er holte einen Kollegen in Zivil. Seine eigene Uniform war beeindruckend, und ich sah ihn vor meinem geistigen Auge die eine oder andere Parade abnehmen. Sein Kollege schien etwas lockerer in dem Sinne, dass er Gesichtsregungen zeigte, und ich dachte schon, jetzt kommt »good cop, bad cop«.

Und so war es auch. Der Kollege nahm meine Anzeige freundlich auf, natürlich nicht ohne zuvor die sehr wichtige Frage zu stellen, wie das Ganze denn passiert sei.

Worauf ich mein Lächeln noch einen Gang höher schaltete und zum dritten Mal runterspulte, was geschehen war.

Aber ich habe meine Anzeige bekommen, handgeschrieben und in Thai-Schrift. Ich weiß nicht, was er geschrieben hat, nur dass es dem Aussehen nach nicht in Versform gehalten war.

Ich trage die Anzeige seither immer bei mir, als Glücksbringer, werde sie aber niemandem zeigen, denn ich bin mir sicher, da steht in thailändischer Schrift:

»Wenn Sie das lesen, haben Sie einen kompletten Volltrottel vor sich, den Sie entweder einsperren, ausweisen oder auf der Stelle berauben sollten, und zwar aus Prinzip. Und wenn er Sie gerade so debil anlächelt wie mich, der ich hier mit dem Schreiben dieser Zeilen meine Zeit verschwende, dann achten Sie darauf, sich nicht zu übergeben, und wenn Sie es doch müssen, dann bitte auf seine Schuhe. Ich vermute, er ist Künstler, mehr muss man dazu nicht sagen.

Gezeichnet
der Adjutant von »El Presidente«

Der weitere Aufenthalt auf Koh Tao verlief dann glücklicherweise unspektakulär. Es war kein »Wollen« mehr, und wenn, habe ich es sofort mit einem gefüllten Pfannkuchen bekämpft. Außer einigen Notizen war ich die meiste Zeit einfach nur sehr entspannt bei mir und am Meer.

Doch habe ich tatsächlich, allerdings in den fünf Monaten nach Koh Tao, ein Programm geschrieben, das ich im sechsten Monat mit der Hilfe Tyches auf die Bühne brachte. Dieses Programm bestätigte dann auch zum ersten Mal das Gefühl, Künstler zu sein. Es war ein wunderbares Gefühl, gleichzeitig erfüllend und doch unspektakulär, als wäre es immer da gewesen und ich hätte es nur nicht gesehen. Ein Wiedererkennen eben.

Seither kann ich anderen Künstlern in die Augen blicken, ohne das ständige Gefühl, ein Betrüger zu sein. Ich begegne ihnen auf Augenhöhe, in der Erkenntnis, dass wir alle Betrüger sind, Teil einer großen Bande von Räubern und Betrügern, so wie alle Menschen eben. Künstler zähle ich allerdings zu den guten Räubern und Piraten, aber dazu bin ich ja auch verpflichtet, schon durch den Künstlerkodex, auf den ich jetzt Zugriff habe.

Im Zuge dieses inneren Höhenfluges fand ich mich prompt in einer ähnlichen Situation wie bei meiner Landung in Bangkok wieder. Zum Ankommen kam jede Menge Loslassen.

Ich musste feststellen, dass ich es mir eigentlich gar nicht hatte leisten können, beinahe ein Jahr darauf zu verwenden, Künstler zu werden. Denn ich hatte in diesem Jahr keine Aufträge und nur eine Handvoll Auftritte gehabt. Ich war erst mal wieder ein Stück weit aus dem Geschäft heraus. Und mir wurde klar, dass ich die Jahre zuvor meine Einkünfte überschätzt hatte und die Schulden sich mittlerweile so hoch türmten, dass sie wie der Turm zu Babel über mir einstürzen würden, bevor sie bis in den Himmel reichten.

Genau das geschah, und es ging ebenso schnell, wie es sich hier liest. Innerhalb von zwei Wochen war ich von ein wenig Regen in die Mutter aller Traufen gekommen. Die Bank hatte mir den Hahn zugedreht, aus dem sie mich zuvor gespeist hatte. Ich konnte es ihr nicht verdenken.

Ohne die Soforthilfe von Freunden hätte ich private Insolvenz anmelden müssen. So war ich also als Künstler angekommen, aber finanziell in der gleichen Situation wie im Jahr des Wanja, nur dass die Schulden höher waren.

Nach vierzig Jahren war ich auf einem neuen Weg, aber wie schon so oft zuvor mit nichts in der Hand.

32 schriftsteller

Künstler geworden zu sein, hat mir erlaubt, endlich ein Buch zu schreiben. Das wäre vorher nicht möglich gewesen. Seit ich unter der Bettdecke mit der Taschenlampe Jules Verne las, war Schriftstellerei für mich etwas zu Großes, um es selbst zu machen. Doch Künstler sein heißt, dem Wahnsinn Raum zu geben, und zum Wahn gehört auch der Größenwahn. Es fühlt sich trotzdem ein wenig an wie bei einem Zauberer, der einen Trick einstudiert hat und dann behauptet, es sei echte Magie. Aber wenn der Leser ebenfalls dem Wahnsinn Raum einräumt, ist das egal, und der Zauber bleibt. Und dafür ist Lesen ja da.

Es ist ein wunderbares Gefühl, zu schreiben, trotz des Inhalts. Eigentlich hatte ich ja vermutet, nach Aufzählung aller meiner Irrfahrten würde in mir das Gefühl einer Niederlage oder eines Verlusts entstehen. Doch muss ich erstaunt feststellen, dass die Scherben aller meiner Pläne ein hübsches Mosaik ergeben. Ich habe zwar keine Ahnung, was es zeigt, aber farblich finde ich es sehr ansprechend. Mit den Worten des großen Dichters Leonard Cohen: »And even though it all went wrong, I'll stand before the Lord of Song, with nothing on my tongue but Halleluja.«

Vielleicht sollte man sich generell mehr daran erbauen,

was man alles verbockt hat! Das Wollen, das Werdenwollen und das Werden sind eben drei Paar Stiefel.

Ein Dilemma gibt es allerdings, dem ich nun zum Ende nicht entrinne. Es steht einfach bei Misserfolgen immer sofort und unausgesprochen die oberlehrerhafte Frage im Raum: »Und, was hast du jetzt daraus gelernt?«

Natürlich wäre das der ideale Zeitpunkt, um mit einem Fazit aufzuwarten, das alles erklärt, alles zu Gold macht, immerwährenden inneren Frieden verspricht und rosarote Elefanten zwitschernd von Baum zu Baum flattern lässt. Aber jeder, der aufmerksam verfolgt hat, welchen Weg ich gegangen bin, muss mit mir zu der Auffassung gelangt sein, dass ich nicht der Richtige für eine Antwort bin. Ich kann nicht gleichzeitig sein und darüber Bescheid wissen. Herz sticht, wie man beim Schafkopf sagt, nicht Hirn. Das Leben ab der Geburt ist der Film, der vor dem Tod an einem vorüberzieht, in Echtzeit, und da will ich nicht dauernd reinquatschen, sondern ihn mir in Ruhe bis zum Schluss anschauen.

Penelope, der Frau, mit der ich sieben Sekunden gemeinsam verbracht habe, wollte ich hiermit zeigen, was ich alles nicht geworden bin. Aber all diese Dinge bin ich nicht wegen ihr nicht geworden. Auch nicht wegen anderen. Zwar fast immer für Menschen, die ich liebte und liebe, aber niemals wegen ihnen.

Wenn es überhaupt etwas gibt, was sich zusammenfassend über mein Leben sagen lässt, dann wäre das etwas in der Art von: »Sieben Sekunden sind länger als vierzig Jahre.«

Wenn das schlau ist, bin ich aus mir schlau geworden. Ich persönlich zweifle zu Recht daran. Außerdem gebe ich gerne zu, dass es mir egal ist. Denn das, was ich will, hat mit all dem, was ich kann, sowieso nichts zu tun. Es kann nicht erlernt werden, auch nicht durch Leben. Es kann nur erlebt werden.

Was ich suche, seit langer Zeit, ist der Zustand, den Tom Waits in seinem Song »Tango Till They're Sore« mit den Worten beschreibt: »Let me fall out of the window with confetti in my hair«.

Ich möchte mit Konfetti im Haar aus dem Fenster fallen. Immer wieder. Das geht nicht immer, aber Tango ist auch kein ausschließlich fröhlicher Tanz, sondern einer, der seinen Optimismus in Melancholie kleidet. Und tanzen kann man Tango nur zu zweit. Deswegen würde ich gerne nach Hause, zu Penelope.

Aber Penelope weilt derzeit nicht auf Ithaka, also ist sie nicht zu Hause, und ich bezweifle, dass dieses Buch daran etwas ändern kann. Außerdem würde ich es nie wagen, einer Frau etwas zu bieten, das wäre billig. Ich *habe* ja auch nichts zu bieten – gebe aber zu bedenken, in nichts passt viel hinein.

Natürlich gefallen mir der Gedanke und die Hoffnung, dass sie eines schönen Tages aufwacht und entlang ihrer tarantinoschen Goldader mich in sieben Sekunden entdeckt, die länger sind als all ihre Zeit.

Aber man weiß nie, wo man bei Goldadern landet, ebenso wenig wie bei Irrfahrten. Sonst wären es ja Fahrten, und über Fahrten kann ich nicht schreiben.

Das ist generell der Nachteil des Schreibens, ich kann nur darüber berichten, was ich nicht bin. Was ich bin, steht zwischen den Zeilen. Und zu zeigen, was ich bin, geht auch nicht in Worten, dafür sind sie zu begrenzt. Vielleicht geht es mit Musik. Vielleicht mit einem Song.

Es wird wohl höchste Zeit, endlich Gitarre spielen zu lernen.

epilog

Ich sitze im Jagd- und Fischereimuseum neben meinem fünfjährigen Neffen. Wollen wir ihn Glaukos nennen, wegen seiner Affinität zu Fischen. Glaukos und ich sehen eine Dokumentation über Jäger. Da bei ihm zu Hause die Dauer des Fernschauens streng reglementiert ist, hat sich für ihn diese Doku als das Pièce de Résistance des gesamten Museums erwiesen. Er wollte sie bis zum Ende sehen, was unsere Verwandtschaft belegt. Die ausgestopften Tiere waren in Ordnung, die Wummen nicht schlecht, die präparierten oder skelettierten Fische inspirierend. Aber das Jagd-und-Fischerei-Fernsehen *war* es einfach.

Wir sehen einem Kärntner Jäger fünfundvierzig Minuten lang dabei zu, wie er ein Jahr lang sein Revier beförstert und dabei hauptsächlich an Stellen mit schönem Ausblick bei Sonnenauf- und Sonnenuntergang steht. Sein Gesicht zeigt dabei jede Menge Kärntner Naturverbundenheit.

Außerdem sehen wir: Das Murmeltier und den Steinbock im Wandel der Jahreszeiten. Mal ist alles üppig, mal sind die Vorräte knapp, mal wird sich vermehrt und mal wird gedarbt. Eine ganz arg kranke Gemse muss erschossen werden, worüber Glaukos außerordentlich besorgt ist und mich fünfmal fragt: »Warum?«, ansonsten schweigt die Flinte. Beim dritten Sonnenuntergang fällt auf, dass das Fernsehgerät wohl schon sehr lange läuft, es hat Farbfehler in der Darstellung, es wirkt ein wenig so, als hätte sich der Apparat bei der arg kranken Gemse mit der Räude angesteckt.

Bergbauern in Lederhosen und Bergmadln im Dirndl machen Heu, als hätte es Inzest nie gegeben. Ich beobachte viele Menschen in viel Landschaft, die alle wissen, was sie nächstes Jahr machen, und auch, was sie übernächstes Jahr machen. Sie machen Heu, sie machen Kinder, sie machen Schnaps und trinken ihn. Und ab und zu erschießen sie eine Gemse. So sehr ich die Harmonie darin sehe, ich sehe auch die Farbfehler im Bild. Und sie selbst können sie nicht sehen, weil sie ja in ihrem Leben drin sind und nicht wie ich draufschauen. Ich respektiere sie, manchmal beneide ich sie sogar sehr. Aber sie werden mir immer fremd sein, so wie ich ihnen.

Das Jägerjahr ist um. Glaukos dreht sich zu mir, blickt mir tief in die Augen und teilt mir mit:

»Wenn ich groß bin, werde ich Jäger.«

Das halte ich für eine gute Idee. Ich denke darüber nach, was ich werden wollen würde, wenn ich nochmal klein wäre. Vielleicht Kapitän? Oder Gitarrist? Bin ich eigentlich jemals groß geworden? Glaukos hakt nach:

»Kommst du mich dann besuchen?«

Das bestätige ich gerne. Auch Kapitäne und Gitarristen kommen ja ab und zu mal nach Hause. Er nickt, schaut kurz weg, dann kommt ihm ein weiterer Gedanke. Er sieht mich erneut ganz ernsthaft an und fragt mich:

»Und was wirst du, wenn ich groß bin?«

danksagung

Das hier ist die Stelle, an der bei Festlichkeiten der Gastgeber aufsteht, mit dem Löffel ans Glas schlägt, sich räuspert und zur Danksagung ansetzt. Was gleichzeitig der Moment ist, in dem fast alle in einen semi-buddhistischen Meditationszustand verfallen, außer denen, die gespannt sind, ob sie in der Rede vorkommen. Es war in meinem Fall ein langer Weg bis zum ersten Buch, weshalb in dieser Rede hier so viele Menschen vorkämen, dass das Buch im Vergleich wie eine Magazinbeilage wirken würde. Das wäre dann zwar angemessen, aber nur bedingt unterhaltsam. Noch schöner ist es doch, im Anschluss an die Rede gemeinsam zu feiern, worauf ich mich schon freue.

Deshalb sei all denen, die zu meiner Inkontinenz im Schriftstellerischen beigetragen haben, hiermit gesagt: Von ganzem Herzen lieben Dank an euch! Ich versuche nicht so zu schreiben, dass es euch gerecht wird, aber wenn ich es jemals schaffe, so zu leben, dann werde ich sehr froh sein.

Einige unmittelbar Beteiligte sollen jedoch namentlich erwähnt werden, einerseits, damit auch die Etikette Spaß hat, und andererseits, um die Vorfreude auf die Feier danach noch einen Moment hinauszuzögern. Sozusagen als Vorspiel nach dem Spiel. Deshalb Danke an Mäm und Dad für die Liebe zum Buch, Iris und Eva für die Anfänge, Jonas für die Idee, Tom für die Hilfe, Jochen für die Erlaubnis, Sven für den richtigen Zeitpunkt, Michi für Beratung, Kirsten für den Empfang, Peter fürs Bildliche, Tamara für Herausforderung und der gesamten Heyne-Mannschaft für ihre unglaubliche Unterstützung.

»Life is a path lit only by
the light of those I've loved.«
Tom Waits